"中国劳模"系列丛书

采棉逐梦的"沙漠之花"
尤良英

吴琳◎著

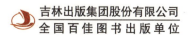
吉林出版集团股份有限公司
全国百佳图书出版单位

图书在版编目（CIP）数据

采棉逐梦的"沙漠之花"：尤良英 / 吴琳著.
长春：吉林出版集团股份有限公司，2025.3. --（"中国劳模"系列丛书 / 徐强主编）. -- ISBN 978-7-5731 -6281-6

Ⅰ. K828.5

中国国家版本馆CIP数据核字第2025N6W958号

CAI MIAN ZHU MENG DE "SHAMO ZHI HUA"：YOU LIANGYING

采棉逐梦的"沙漠之花"：尤良英

出 版 人　于　强
主　　编　徐　强
著　　者　吴　琳
组稿统筹　东北师范大学文学院创意写作研究中心
责任编辑　闫　晗
装帧设计　刘美丽

出　　版　吉林出版集团股份有限公司
发　　行　吉林出版集团社科图书有限公司
地　　址　吉林省长春市南关区福祉大路5788号　邮编：130118
印　　刷　唐山富达印务有限公司
电　　话　0431-81629711（总编办）
抖 音 号　吉林出版集团社科图书有限公司　37009026326

开　　本　710 mm×1000 mm　1 / 16
印　　张　9
字　　数　90 千字
版　　次　2025 年 3 月第 1 版
印　　次　2025 年 3 月第 1 次印刷

书　　号　ISBN 978-7-5731-6281-6
定　　价　55.00 元

如有印装质量问题，请与市场营销中心联系调换。0431-81629729

序 言

　　劳动创造财富，劳动创造幸福，劳动创造未来。习近平总书记在2020年全国劳动模范和先进工作者表彰大会上的讲话中指出："全社会要崇尚劳动、见贤思齐，加大对劳动模范和先进工作者的宣传力度，讲好劳模故事、讲好劳动故事、讲好工匠故事，弘扬劳动最光荣、劳动最崇高、劳动最伟大、劳动最美丽的社会风尚。"当今世界，综合国力的竞争归根到底是科技人才和高素质劳动者的竞争。改革开放以来，我们强大的工人队伍用辛勤的劳动和拼搏奉献的精神推动中国制造、中国智造、中国创造走向世界的前列，使新时代的中国面貌日新月异。大力弘扬劳模精神、劳动精神、工匠精神，加强高素质技能人才队伍建设，打造一支宏大的知识型、技能型、创新型劳动者队伍，是伟大时代赋予我们的历史责任。

　　劳动模范是民族的精英、人民的楷模，是共和国的功臣。自改革开放以来，广大职工勇立改革潮头，独立自主，奋发图强，勇于创新，其中涌现出一批批全国劳模和大国工匠。他们参与建设了代表中国高度、中国速度、中国深度的一系列重大工程，提升了国家实力，打造了"中国名片"，树立了"中国品牌"，增添了"中国力量"，充分释放出工人阶级的创新活力，展示出大国工匠的强大创造力。他们以工人阶级的满腔热忱在各自平凡的工作岗位上取得了辉煌的成绩，书写了新时代的壮丽篇章。

爱岗敬业、争创一流、艰苦奋斗、勇于创新、淡泊名利、甘于奉献的劳模精神，崇尚劳动、热爱劳动、辛勤劳动、诚实劳动的劳动精神和执着专注、精益求精、一丝不苟、追求卓越的工匠精神，是广大劳动群众在社会生产实践中锤炼形成的弥足珍贵的精神财富，是工人阶级伟大品格的具体体现，是民族精神和时代精神的生动诠释。民族复兴需要劳动模范，祖国强盛需要大国工匠，中国制造、中国智造、中国创造更需要大国工匠的强有力支撑。劳模、工匠等的成长故事、先进事迹中承载的劳模精神、劳动精神和工匠精神，是激励全国各族人民团结奋斗、勇往直前的强大精神力量。

"中国劳模"系列丛书，采用图文结合的方式，讲述全国劳模、大国工匠和先进工作者们的成长经历及他们追梦、筑梦、圆梦的故事，用他们在平凡岗位上创造不平凡业绩的真实故事感染读者，推动形成劳动最光荣、劳动最崇高、劳动最伟大、劳动最美丽的社会风尚，引导广大技术工人和青少年形成劳动光荣、技能宝贵、创造伟大的观念。

"匠心筑梦，强国有我。"新时代是一个万象更新、生机勃勃的时代，也是一个继往开来、创新创业和建功立业的大时代。希望广大读者能以劳动模范为榜样，以大国工匠为楷模，立志技能报国、技术强国，踔厉奋发，勇毅前行，锤炼思想品格，汲取劳动智慧，勇于担当、勤于钻研、甘于奉献，为推进新型工业化和乡村振兴，为加快建设制造强国、质量强国、航天强国、交通强国、网络强国、数字中国、农业强国，全面建设社会主义现代化国家贡献青春力量。

中华全国总工会副主席（兼）

中国航天科技集团有限公司第一研究院

211厂14车间高凤林班组组长

2022年11月

扫码解锁

◉群英颂歌 ◉勤劳致富
◉无私奉献 ◉奋斗底色

传主简介

　　尤良英，女，1970年出生于重庆，中共党员，新疆生产建设兵团第一师十三团十一连职工。她曾获得多项荣誉，包括全国道德模范、全国五一劳动奖章、全国三八红旗手及全国三八红旗手标兵，同时被授予中华全国总工会"五一巾帼标兵"称号，是全国基层民族团结的杰出代表，第十三届全国人民代表大会代表，以及中国妇女第十二次全国代表大会代表。

　　尤良英成长于一个普通的农村家庭，童年的艰苦经历锻造了她坚韧不拔、勇于面对挑战的精神。1991年，她迁至新疆生产建设兵团，从一名捡棉花的工人做起，辛勤耕耘，最终帮助少数民族同胞摆脱贫困，并创立了合作社。她多次以自己的勤奋和智慧克服生活中的重重困难，始终保持一颗真诚而温暖的心，激励和带动周围的人。

如今，无论是广受欢迎、销往全国各地的"尤枣"，还是充满活力的边疆红果品农民专业合作社，都体现了尤良英一路走来的用心和热情。她真正践行了"爱岗敬业、争创一流、艰苦奋斗、勇于创新、淡泊名利、甘于奉献"的劳模精神。

目　录

第一章　风雨飘摇，童年梦碎

扫码解锁

◎群英颂歌 ◎勤劳致富
◎无私奉献 ◎奋斗底色

人生初见

　　1970年的春天，位于中国西南部的重庆市潼南区塘坝镇天印村的这片土地上，正值4月清明时节，天空中飘洒着细雨，仿佛在诉说着无尽的哀愁。厚重的乌云密布在天空中，仿佛要将整个世界都笼罩在一片阴霾之下。这样的天气对于大多数人来说，或许只是生活中再普通不过的一种场景，但对即将迎来新生命的陈隆秀来说，无疑是一个巨大的考验。

　　陈隆秀，尤良英的母亲，是一位从小就生活在贫困家庭中的女性。她的童年充满了艰辛与不易，她的兄弟姐妹因为生活的重压，不得不被送往其他家庭寄养。尽管长大成人后，她拥有了自己的家庭，还有三个可爱的孩子，但她的生活依然没有得到根本的改善。她的家庭仍在贫困线上挣扎，生活的重担依然压在她的肩上。

　　陈隆秀的丈夫尤忠余是一位勤劳的农民，为了全家的生计，他不得不日复一日地在外劳作。夫妻俩每日辛勤地劳作，生活依旧捉襟见肘。尽管如此，他们从未放弃过对美好生活的追求和向往，他们坚信，只要勤劳和坚持，总有一天能够摆脱贫困，过上幸福美满的生活。

此刻，陈隆秀即将迎来她的第四个孩子。

随着雨势不断加大，天空中电闪雷鸣，天气状况变得越发恶劣。简陋的茅草屋在狂风暴雨的侵袭下四处漏水，屋里的人几乎都被雨水淋湿。4月的寒风透过房屋的缝隙吹进屋内，让人感到刺骨的寒冷。伴随着产妇痛苦的呻吟声，孩子终于出生了，那便是尤良英。由于母亲长期营养不良，尤良英出生时极其瘦小，仿佛一阵风就能将她吹走。

陈隆秀在经历了一场艰难的分娩之后，身体并没有像预期的那样迅速恢复。由于缺乏适宜的恢复环境，她无法得到适当的休养和照顾。分娩过程中所经历的痛苦和艰难，以及体力和精力上的极度消耗，使得她在分娩后迅速陷入了发热状态，无法得到足够的休息和营养，更加剧了她的虚弱。

在这种极度虚弱的情况下，陈隆秀的心中充满了疲惫感和无力感，仿佛身体被抽空。她轻声地说："给孩子起个小名，就叫小老鼠吧。"说完这句话，她便陷入了深深的睡眠，仿佛所有的疲惫和痛苦都在这一刻得到了暂时缓解。

尤良英出生后，母亲陈隆秀便病倒了。长期营养不良和简陋的医疗条件是导致她身体状况恶化的主要原因。她高烧不退，持续了整整一周的时间。此时正值春播的关键时期，这直接关系到一家人未来一年的生计。父亲尤忠余不得不一边忙于田间农活，一边担忧妻子的身体，承受着巨大的压力。

刚出生的尤良英急需母乳喂养，然而陈隆秀因持续高烧无法提供足够的奶水。孩子的哭声日夜不断，母亲心痛不已。由于高烧导致陈隆秀经常昏睡，尤良英只能听天由命。家中粮食所剩无几，尤良英只能依靠奶奶省下的少许米汤勉强维持生命。

4月的山城的夜晚仍旧带着一丝寒意，高高的草丛中偶尔有飞虫掠过。在这个艰难的时刻，尤良英的哭声成了家中唯一的生机，她的每一次啼哭都牵动着母亲和奶奶的心。陈隆秀虽然身体虚弱，但每当她清醒过来，都会尽力安抚孩子，尽管她知道自己的奶水无法满足尤良英的需求。奶奶则在一旁默默地煮着稀薄的米汤，希望能为这个小生命提供一点儿营养。尽管生活如此艰难，但是家人之间的爱和关怀在这个小村庄的家中弥漫着，成为他们共同面对困境的力量。

奶奶用她那慈祥而温和的声音劝慰道："你看，她如此顽强地活了下来，说明你们母女之间有着深厚的缘分。"老太太的眼中闪烁着智慧的光芒。

　　老太太紧紧地抱着那个弱小的孩子，仿佛要把所有的温暖和力量都传递给她。正是这份对生命的本能关怀，给予这个小生命在人世间巨大的希望。小婴儿仿佛感受到了家庭的温暖，用她微弱的力量与命运抗争，艰难而勇敢地存活了下来。

　　人世间，若有所谓的奇迹，那便是爱的体现。这份爱不仅仅是亲情，更是人与人之间最纯粹的情感。它超越了时间和空间的限制，成为我们在这个世界上继续前行的动力。正是这份爱，让我们在困境中看到了希望，让我们在黑暗中找到了光明。

重重考验

　　生活对尤良英的考验并未停止，命运对她似乎特别严苛。她的母亲在生产时体力过度消耗，产后又无法及时补充足够的营养，加上患病，始终无法以母乳喂养自己的孩子。为了确保尤良英能够获得足够的营养，家人不得不去村中寻求其他产妇的乳汁。然而，在那个时代的小村庄中，各家各户都面临温饱问题，时常自身都难以果腹，食物短缺成为常态。在这样的背景下，尤良英的家人不得不四处奔波，寻找可能的解决办法，他们尝试了各种方法，包括采集野生食物和尝试制作简单的营养补品。

孩子的成长并非一朝一夕之事，寻求他人乳汁的过程也并非一帆风顺。有时，为了给孩子求得一口食物，尤良英的家人近乎乞求般地向他人求助。生活如此艰难，村民们目睹这个幼小的生命仍在顽强地求生，心中常常怀有怜悯之情。他们不忍心看着这个小生命受苦，大多数人愿意伸出援手，提供些许食物，哪怕自己并不宽裕。在尤良英的成长过程中，她所经历的困难和挑战，成为她坚韧不拔性格的磨砺石。家人的爱护和村民们的无私奉献，不仅让她得以生存，更让她学会了感恩和回报社会。

在这样的环境中，尤良英在众人的关怀与照顾下逐渐成长。尽管生活充满了艰辛和挑战，她的成长之路却充满了人间的温情和善良。正是来自邻居们的无私帮助，让她得以在困境中坚持下去，逐渐长大成人。这份坚韧和感恩，也成了她一生中最宝贵的财富。尤良英的故事，不仅是一个关于生存的叙述，还是一个关于人性光辉和互助精神的见证。她的经历激励着周围的人，也提醒我们，团结和互助是克服困难的重要力量。

在孩子们的心中，母亲长期以来被病魔缠身，她的健康状况一直令人担忧。由于家庭经济条件窘迫，他们无法承担高昂的医疗费用，导致母亲只能长期卧病在床，身体极度虚弱。面对如此艰难的境况，家人从未放弃过为母亲寻求治疗的希望。尤良英的父亲尤忠余，作为家里的顶梁柱，虽然平时话语不多，但他始终将家人的健康和幸福放在首位，默默地承受着一切，从不抱怨，从不言苦。

为了维持一家人的生计，父亲每天凌晨三点就外出工作。他首先前往别人的菜地，精心挑选新鲜的蔬菜，然后将这些蔬菜运送到集市上售卖。每天的工作从凌晨三点持续到早上八点，集市工作结束之后，他还会去做一些体力活来补贴家用。尽管如此，他每天也只能挣到微薄的一点钱。为了节省开支，父亲会把集市上别人剩下的菜叶带回家，作为全家的食物。这些菜叶虽然简单，但对这个家庭来说，却是珍贵的营养来源。

在这个温馨的家中，居住着八位成员，他们共同的生活重担几乎全部落在了父亲一个人的肩上。父亲一直过着非常节俭的生活，他总是尽量减少自己的开销，将节省下来的每一分钱都用于为妻子治病。

母亲的身体状况一直令人担忧，她患有骨髓炎，病痛让她变得虚弱无力，几乎无法进行正常的活动。为了给母亲治病，父亲不得不将家中所有稍微值钱的物品都变卖了，甚至连家里最后一个洗脚盆也卖掉了。家中的财物一件件减少，只剩下了一间空荡荡的房屋和院外稀疏的篱笆。尽管生活如此艰难，父亲依然坚持着，为了家人的生存和母亲的健康，他默默承受着所有的重担，从不抱怨。

父亲从未有过任何怨言，他每天早出晚归，辛勤工作，默默地为家庭付出，用自己的汗水养家糊口。无论多么疲惫，他回家后总是不辞辛劳地与长子一同操持家务。他用自己的双手为家人撑起一片天空，让一家人在风雨中也能感受到温暖和安全。他的身影在孩子们心中是那么高大，他的坚毅性格深深地影响着家中的每一个人。

父亲用自己的行动告诉孩子们：无论遇到多大的困难和挑战，都要勇敢面对，永不放弃。他也用自己的行动告诉家人：我在，家就在；家在，希望就在。他也就像一座灯塔，为孩子们指引前行的方向，让孩子们在迷茫中找到前进的力量。父亲的爱虽无声，却在每一个细节中体现得淋漓尽致，他的付出让孩子们永远感激和敬仰。他的爱如同春日的阳光，温暖而明媚，照亮了孩子们成长的道路，让他们在困难面前依然能够坚定地走下去。

童年梦碎

随着春节的喜庆氛围渐渐淡去，这个家庭突然遭遇了一场突如其来的重大变故——尤良英的父亲病逝。大哥经过深思熟虑，做出了一个重大的决定——入伍，为国家效力。在大哥穿上军装，踏上入伍征程的那一天，小尤良英站在家门口，目送着大哥的背影渐行渐远，心中虽然充满了不舍和依恋，但在这个过程中，她也逐渐领悟到人生聚散无常，每个人都有自己的使命和责任。

大哥入伍之后，家庭的重担又全部落在了父亲一个人的肩上。他不仅要外出劳作，回家还要照料年迈的老人、生病的妻子以及子女们。命运赋予了这个沉默寡言的男子诸多的责任，而他则默默地承受着，无私地奉献着自己的力量。父亲每天天还没亮就出门工作，所得的收入除了购买生活必需品外，全部用于支付母亲的医疗费用，这使得家庭经济时常陷入困境。父亲总是将食物留给家人，自己吃从市场捡回来的菜叶，他的无私和坚韧，成了这个家庭最坚实的支撑。

长期过度劳累和营养不良最终使父亲病倒了。起初，他并未在意，仍然坚持劳作。但随着身体日渐消瘦，他的脸色越发苍白，甚至不时吐血。本应及时就医，但由于母亲长期卧病在床，家庭经济拮据，已经无力承担医疗费用。小尤良英目睹父亲吐血，内心充满了恐惧和悲痛，只能小心翼翼地为其擦拭血迹，她多么希望父亲能够早日康复，但现实的残酷让她感到无力和绝望。

父亲虽然病了，但他仍需不时外出赚钱以维持生计。家人见状，既心疼又焦虑，就连平时贪玩的弟弟也变得安静了许多。他似乎意识到了父亲的不适，总是小心翼翼地守在父亲身边，既关注又生怕打扰他休息。在这个艰难的时刻，家庭成员之间的相互理解和支持变得更加重要，他们共同面对困难，相互扶持，希望快些度过这段艰难的时光。

一日，父亲没有外出劳作，孩子们见他卧床休息，便安静地在旁边玩耍。不一会儿，父亲费力地睁开眼睛，望向窗外温暖的阳光，想到院中晒晒太阳，于是呼唤孩子们帮忙。小尤良英和她的兄姐们一同前来搀扶，从卧室到院落，父亲尽力自己行走，以减轻孩子们的负担，但他虚弱至极，步履蹒跚。眼看就要到达门口，他突然感到胃部翻涌，一时难以克制，低头间大口鲜血喷涌而出，溅到了孩子们的身上、脸上。他想要安抚惊慌失措的孩子们，但剧烈的咳嗽使他难以直起身子。最终，双腿一软，倒在地上。

家庭支柱病倒了，全家人忧心忡忡。在父亲重病卧床期间，小尤良英陪伴最多。她多么希望父亲能够康复，梦中父亲健康的笑脸如此耀眼，梦中没有病痛、没有压抑的氛围，更没有令人窒息的血腥味。她梦见与父亲在院中欢快地奔跑，高大的黄葛树落叶纷飞，阳光为一切镀上金边，空气中弥漫着温暖的气息与欢快的笑声。

无论前方的道路多么艰险，无论身心承受着怎样的重压，尤良英都必须坚持下去。在那个模糊不清的梦境中，她仿佛听到了父亲熟悉而温暖的叮咛声，感受到他那双曾经充满力量的手紧紧握住自己的手，然而，那双手却瞬间失去了力气，无力地垂落下来。

窗外一片漆黑，空气中弥漫着刺骨的寒意，小尤良英突然从梦中惊醒。她急忙转头看向父亲，只见他的面容已经失去了往日的生气，变得苍白而僵硬。她惊慌失措地摇晃着父亲的胳膊，一遍又一遍地呼唤："爸爸，爸爸，你不要睡着，睁开眼睛看看我！"然而，回应她的只有无尽的沉默和冰冷的寂静。

对于尤良英来说，接下来发生的一切远远超出了她的理解范围和承受能力。大人们在一片混乱和慌张中匆匆忙忙筹备葬礼，整个家庭陷入了一种从未有过的混乱和无序状态。有人在低声哭泣，有人在紧张地交谈，还有些她不认识的孩子在院子里奔跑。每个人的脸上都写满了担忧和愁楚，尤良英此刻却无心去关注他们的想法和情绪。她只想再多看一眼那张熟悉而平静的面容，那个她深爱并依赖的身影，那个曾在夕阳下温柔地抱起她，亲切地呼唤她"丫头"的人。然而，这一切都将永远消失在她的生活中。

尤良英难以用言语表达自己此刻的心情。在她有限的人生经历中，那些关于痛苦、不舍、遗憾的词汇都显得过于苍白无力，甚至不如刚刚那个未完的梦境来得真实。然而，命运并不会等待任何人将梦做完。这一天，她的童年宣告结束，她的生活从此发生了翻天覆地的变化。

回首往昔，尤良英的父亲为了家人的温饱，从未真正享受过属于自己的幸福时光，即便是白米饭和肉，对他来说也是一种奢侈。在尤良英的记忆中，父亲总是将最好的东西留给孩子们，哪怕是在春节期间，如果有肉块，他也会小心翼翼地将其切成小块，分给每一个子女，自己从未尝过一口。父亲为这个家付出了全部，却从未享用过一顿真正意义上的饱饭。她深切地感受到了父爱的伟大与无私，也对生活有了更深的理解与感慨。

随着父亲的去世，这个曾经充满温暖和欢笑的家庭也面临着危机。母亲在巨大的生活压力下，选择了再婚。哥哥姐姐为了生计不得不离开家乡，外出打工，勉强维持着各自的生活。家中只剩下年迈的奶奶、年仅12岁的尤良英和她年幼的弟弟。这个年纪本应该拥有无忧无虑的童年，但尤良英却不得不肩负起生活的重担。她决定辍学，成为家中的顶梁柱，照顾9岁的弟弟，确保他能够有一个相对稳定的生活。小小年纪，尤良英已经展现出超越年龄的成熟和责任感，成为家中的小大人。

第二章　蜀道难，何处是春山

扫码解锁

◎群英颂歌◎勤劳致富
◎无私奉献◎奋斗底色

家一直在

尤良英的童年生活在父亲离世和母亲改嫁后，突然改变。原本一个热闹的家庭，因为生活压力，不得不各奔东西，父亲的遗言在尤良英耳边回荡："无论多么艰难，都必须照顾好弟弟。"这句话深深地烙印在她的心中。

尤良英在心中默默地发誓："我要像父亲爱我一样去爱弟弟，竭尽全力去照顾他。"然而，生活并不会因为她年纪尚小而给予她特别的宽容。

尤良英最开始通过割草、放牛换取食物和生活必需品，可能是一个红薯，也可能是一碗米，只要能填饱肚子，什么都行。她将这些食物带回家，以此维持家人的温饱。

尤良英既扮演着姐姐的角色，又承担着家长的职责，这样的生活持续了两年。

随着弟弟逐渐长大，家里的开销越来越大。尤良英听说在工厂打工收入会更稳定一些，于是她找机会向工厂管理者申请进厂工作。

面试成功后，她跑回家安顿好奶奶和弟弟，便正式进厂工作了。尤良英的身材与厂里的成年人相比显得格外瘦弱，但她工作积极勤快，大家都亲切地称呼她的小名"小老鼠"。工厂的工作十分辛苦，都是高强度的体力劳动，工人每天要工作八九个小时。但这份工作为尤良英姐弟俩及奶奶提供了稳定的收入，他们再也不用为吃不饱饭而发愁了。尤良英对此心怀感激，工作结束后一有空就会回家照顾奶奶和弟弟。她不仅继承了父亲吃苦耐劳的品质，也学会了对生活负责。尤良英深信，无论在生活中遇到多大的困难和挑战，只要努力就能够改变自己的命运。

尤良英强烈的家庭观念不仅体现在她对弟弟的悉心照顾上，更体现在她对"家"这个字的深刻理解上，那就是一家人要在一起努力奋斗。在生活逐渐步入正轨的时候，奶奶却永远地离开了尤良英。

随着年龄的增长，尤良英出落得亭亭玉立，时常有人询问她是否已有对象，还有一些热心的工友提出给她介绍对象。尤良英心想，如果自己成家了，弟弟又会变得孤身一人，无人照料。她决定，自己结婚时一定要带着弟弟。然而，现实十分残酷，面对尤良英提出的条件，介绍的媒人都面露难色。

尤良英无比坚定："我在，家就在。"她这样对弟弟承诺。幸运的是，在尤良英19岁那年，她遇到了愿意照顾她一生的男人。自此，她的家庭成员又增添了几位，他们相互取暖，彼此珍惜对方的陪伴和支持。

奔赴边疆

随着"一曲凯歌进新疆、屯垦戍边守天山"的政策号召，新疆生产建设兵团农业建设第一师（2012年，新疆生产建设兵团农业建设第一师更名为新疆生产建设兵团第一师）启动了规模宏大的屯垦戍边计划。军人们不仅肩负着保卫边疆的重任，还手持农具开垦荒地。他们以汗水和沙土为伴，在广袤无垠的沙漠深处，努力实现着"戈壁滩上盖花园"的伟大梦想。

1990年，阿拉尔城市建设还处于起步阶段，大片荒漠亟待开发。在这样的背景下，一部分重庆居民被吸引来了。

正是在这样一个充满机遇和挑战的历史时刻，尤良英做出了一个重要的决定：踏上前往新疆的征途。当时，她的儿子刚刚满月，面对这个难得的机会，她毅然决然，说服家人，一家五口（包括尤良英、她的弟弟、丈夫、婆婆以及刚出生的儿子）携带行李，开启了前往3000千米外的新疆之旅。他们来到了梦想启航之地：新疆生产建设兵团第一师十三团十一连。

虽然一家人已经做好了充分的准备，但在他们抵达目的地之后，他们仍然被眼前的景象深深震撼。这里地广人稀，黄沙漫天，与他们梦想中"风吹草低见牛羊"的天堂景象有着天壤之别。他们选择居住在天山脚下的一个偏远农村，距离著名的塔克拉玛干沙漠仅有20千米的距离，目之所及，尽是荒凉的景象。

他们的居所是一间简陋的土坯房，屋顶上布满了孔洞，屋内唯一的一件家具就是一张简陋的木板床。3月的夜晚，气温仍在零下，风中带着黄沙从孔洞灌入，即使一家人紧紧挤在一起，也无法抵御寒冷的侵袭。此外，这里植被稀少，缺乏自来水供应，水源问题成了尤良英一家面临的严峻挑战。

然而，尤良英自幼就具有坚毅和乐观的品质，她深信天无绝人之路，只要一家人能够团结在一起，无论身处何地，都能够共同建设起属于自己的家园。面对严酷的环境，他们首先着手解决寒冷问题，通过修补屋顶、制作床铺、填充被褥等一系列措施，努力让居住环境变得温暖舒适。他们还尝试利用油桶生火取暖，这一创新的方法基本缓解了寒冷问题，使他们能够在严冬中获得温暖。紧接着，他们又将注意力转向了水源问题，他们学习当地人的方法，挖掘积水坑来储存雨水。虽然这些水的水质并不理想，但为了生存，他们不得不饮用。到了冬天，他们甚至会凿下冰块，通过煮的方式将其融化，用以做饭和饮用。

尽管生活条件异常艰苦，但尤良英一家还是凭借着坚韧不拔的意志和乐观的心态，逐渐适应了这里的生活，并在新疆这片充满希望和挑战的热土上，书写着属于他们自己的奋斗篇章。

在30多年前的新疆地区，第一师十三团的生活环境可以说是相当艰苦的。那时，阿拉尔市还未成立，十三团的居民们生活在一片荒凉的沙漠边缘。他们的居所被黄沙包围，尤其是每年从3月份开始，大风季节的到来使环境变得更加恶劣。十三团位于塔克拉玛干沙漠的边缘，每当大风季节来临，整个团场都会被漫天黄沙所笼罩。在那些日子里，风力强劲，常常达到八至十二级，能见度极低，最严重的时候，能见度甚至不足一米。人站在外面，随时都有可能被狂风吹走，即便躲进屋里，黄沙依然无孔不入，导致口鼻干裂出血。

这样恶劣的天气会持续三四个月，大概从3月一直到6月。然而，在这样的环境中，尤良英一家凭借着坚韧不拔的意志和团结一心的精神，逐渐克服了恶劣环境所带来的种种挑战。最初从重庆一同前来的100多人因为无法适应这里的艰苦环境而陆续离开了，但尤良英一家还是选择坚守，没有放弃。

在这个地方生活，无疑是对每个人生命意志和奉献精神的一种考验。尤良英一家在这片沙漠中开启了他们的生存之路。他们不仅要面对恶劣的自然环境，还要在物资匮乏、生活条件艰苦的情况下努力生存。虽然困难重重，但尤良英一家始终没有放弃，他们用双手和智慧，一点一点地改善着自己的生活环境，最终在这片沙漠中扎下根来，成了这片土地上不屈不挠的奋斗者。

⊙ 塔克拉玛干沙漠

晴天霹雳

虽然生活环境极其艰苦，但尤良英一家始终坚信新疆是一片蕴含无限生机与活力的沃土。他们深信，只要持之以恒，凭借自身的努力，定能改变命运，迎接更加美好的生活。初抵新疆，尤良英一家面对的是一片陌生而荒凉的土地，但他们并没有被眼前的困境吓倒，相反，他们以无比坚定的信念和顽强的意志，开始了新生活。他们主要通过为邻里提供劳务，来换取一些粮食和蔬菜，从而维持一家人的基本生活。同时，尤良英一家还积极向当地的连队学习种植技术，希望通过掌握这些技能来改善他们的生活状况。

随着时间的推移，尤良英一家逐渐适应了新疆的生活，并开始尝试通过种植树木和采摘棉花来维持生计。尽管种植和采摘的过程充满了艰辛和汗水，但他们从未放弃过。尤良英深知，只有通过辛勤的劳动，才能换来丰硕的果实。每当她结束一天的劳作，拖着疲惫的身体回到家中，看到儿子那张纯真可爱的脸庞时，仿佛所有的疲惫都烟消云散了。那一刻，她深深地感受到，无论生活多么艰难，只要家人团结一心，共同努力，生活定会日益改善。

尤良英一家的故事，正是新疆这片沃土上无数家庭的缩影。他们用双手和汗水，书写着属于自己的奋斗史。虽然前方的路依然充满挑战，但他们坚信，只要坚持不懈，定能在这片充满生机与活力的土地上迎来更加美好的明天。

夜幕降临，尤良英温柔地抱着她那柔软的小婴儿，哼唱着悠扬的歌谣，轻轻地摇晃着他。她和丈夫坐在简陋的家中，共同描绘着未来。他们满怀希望，期待着通过努力学习和掌握摘棉花的技巧，逐步提高家庭收入。这样一来，他们就有能力为家里添置更多家具和生活用品，同时能对破旧的房屋进行必要的修缮和改造。

尤良英在心中描绘着未来的美好画面，她想象随着时间的推移，生活会逐渐变得更好。她期待儿子能够在温暖的家庭环境中茁壮成长，成为一个聪明伶俐、健康快乐的孩子。在充满艰辛和挑战的生活中，对未来的美好憧憬成为尤良英心中最大的幸福和动力。

然而，正当尤良英满怀希望以为生活将会逐渐好转时，她所期待的美好愿景不但未能实现，反而提前破灭了。

起初，尤良英以为儿子的发育只是稍微有些迟缓，个头比同龄孩子小，走路也比其他孩子晚一些，她猜测这可能是因为孩子在母体中未能获得足够的营养。然而，随着时间的推移，儿子频繁无原因哭闹，这让尤良英心中充满了忧虑。她开始忐忑，这可能隐藏着更严重的问题，而这些问题可能对儿子的健康和未来产生深远的影响。

在一个平凡的日子里，尤良英像往常一样辛勤地工作着，直到傍晚才回家。然而，当她回到家中，发现儿子身体发热，体温明显升高。尤良英立刻意识到情况不妙，于是她和家人迅速带着孩子赶往附近的诊所进行检查。

医生对孩子的身体状况进行了仔细检查，包括测量体温、听诊、验血等。然而，医生最后表示无法确定病因，建议他们前往设备更齐全、医疗水平更高的大医院进行全面检查。同时，医生先给孩子开了一些退烧药，以缓解孩子的高烧症状。

尤良英一家对儿子的健康状况非常担忧。于是，他们没有丝毫犹豫，立即带着孩子前往更大的医院。在等待检查结果的时候，尤良英焦虑不安，默默祈祷孩子能够平安无事。

然而，当医生最终告知诊断结果时，尤良英仿佛遭受了晴天霹雳。医生说，孩子可能患有先天性小脑发育不良，这意味着孩子无法正常发育，甚至智商可能永远停留在四五岁儿童的水平。这一消息让尤良英的大脑一片空白，耳畔仿佛有轰鸣声响起。

尤良英感到震惊、无助、愤怒和委屈，这些复杂的情绪交织在一起，让她在医院里忍不住号啕大哭。她质问命运为何如此不公，为何要让她的孩子承受如此巨大的磨难。

后来，尤良英听说，医院的诊断也会存在误判的情况，毕竟孩子还那么小，检查环节也可能存在问题，导致医生误诊。这让她在绝望中重新燃起了一线希望。于是，尤良英和家人带着孩子前往北京、重庆等地的医院进行进一步检查。然而，经过多次尝试和专家评估，结论始终如一：孩子患有先天性小脑畸形，且无法治愈。这意味着孩子的智商将永远停留在四五岁儿童的水平，且生活无法自理。

面对这一残酷的现实，尤良英逐渐冷静下来。她明白，儿子的病情已经确诊，但生活仍要继续。作为母亲，她决心用笑容和乐观去面对这一命运的安排，用母爱和温暖去呵护儿子，让他在有限的条件下能够感受到家庭的关爱和温暖。

扫码解锁

◎群英颂歌◎勤劳致富
◎无私奉献◎奋斗底色

第三章　微光点亮希望

扫码解锁

◎群英颂歌◎勤劳致富
◎无私奉献◎奋斗底色

迎难而上

在那段充满挑战和艰辛的岁月里，尤良英不仅要承担起抚养年幼孩子的重任，包括哺乳和日常照料的种种琐事，还需要与家人一起外出摘棉花。虽然生活条件艰苦，日子过得并不容易，但这段时光中，也穿插着许多有趣的事情。

尤良英最为难忘的记忆，便是每天凌晨由婆婆充当闹钟的那段时光。无论外界环境多么恶劣，无论是刮风还是下雨，婆婆总会在凌晨将尤良英夫妇唤醒。随后，他们便匆匆用餐，然后外出劳作，希望通过增加工作时间来提高摘棉花的量，从而获得更多的经济收益。那时候，他们的儿子尚处在襁褓之中，夜间还需要夫妇二人轮番哄睡、更换尿布及哺乳，这使他们常常深夜难以入睡，凌晨又必须起来。长时间的劳累和疲惫，使夫妇二人也曾有过偷懒的念头，尝试以装睡来应对婆婆的呼唤。然而，婆婆见状，便会焦急地敲打手中的碗盆，甚至责备他们，直到他们最终起身。这段经历，虽然充满了辛劳和不易，但也成了尤良英夫妇心中难以磨灭的记忆，是他们共同经历的风雨，也是他们共同奋斗的见证。

虽然每天的早起让尤良英夫妇偶尔感到疲惫不堪，甚至一度觉得婆婆有些冷酷无情，与电视剧中那些"刁蛮婆婆"的形象颇为相似，但他们内心深处非常清楚，婆婆之所以这样做，其实是为整个家庭的利益考虑。婆婆经常挂在嘴边的一句话是："年轻人只有经过一番磨砺，才能真正成长起来，将来也一定会理解父母的一片苦心。"正是在婆婆的这种理念教导下，尤良英一家始终保持着极高的劳动热情，一直都是连队中最早开始劳作的一家人。当其他人还在睡梦中时，他们已经早早地出现在田间地头辛勤劳作了。当太阳升起，其他人陆续抵达田地时，尤良英一家已经收获颇丰，令众人惊叹不已。然而，只有他们自己知道，这一切的背后是每天凌晨三四点钟就已在田间劳作的辛勤付出。

当地部分居民原本对外来者的体力与适应能力持有偏见，但目睹尤良英一家在极端环境下的坚韧与勤奋后，纷纷对他们刮目相看，并由衷地赞叹。随着彼此熟络，老一辈军垦人也对尤良英一家的勤勉作风表示赞赏，劳作之余，他们常聚在一起，分享初来乍到时屯垦戍边的故事：那些关于如何在艰苦的条件下坚持下来，如何克服重重困难，以及如何在荒凉的土地上播种希望，收获成果的动人故事。尤良英一家的勤劳和坚韧不仅赢得了社区的尊重，也成了年轻一代学习的榜样。他们的故事激励着更多的人，无论面对什么样的挑战，都要保持积极向上的态度，用双手创造美好的生活。

当他们初次来到这片土地时，这个地方比现在要荒凉得多，环境极其恶劣，居民人数少，甚至连最基本的土坯房都难以见到。他们只能居住在最原始的地窝子中。所谓地窝子，就是在地表以下挖掘出一个深一米的四方形坑洞，其面积仅有两三平方米。四周用土坯或砖瓦堆砌起半米高的矮墙，然后再用草叶和泥巴将顶部封住。尽管条件十分简陋，但这种地窝子能够抵御风沙。即便如此，每当沙尘暴来袭时，被窝中仍然会灌满沙子。由于地窝子地势低，人们白天外出劳作时，常常会有蛇、鼠等动物爬进被窝。因此，睡前抖被子成了他们的习惯，以防止与蛇共眠的情况发生。除此之外，由于水源极度匮乏，能够保障饮用水已经是非常难的事情，更不用说有多余的水用于洗澡了。因此，许多人整个冬天都无法洗一次澡……

当老一辈的军垦人回忆起往昔岁月，他们的脸上虽然布满了沟壑，但丝毫不见忧愁和苦涩，取而代之的是满满的荣耀与自豪。他们的一生，充满了挑战和磨难，但他们从未退缩，他们植树造林，为子孙后代开辟出一片片绿洲，有效地减少了沙尘暴的肆虐。与他们所处的时代相比，现在的条件已经得到了极大的改善和提升。每当尤良英想到这些，她对这些老军垦人的敬佩之情便油然而生。同时，她也更加坚定了自己留下的决心，这或许可以被看作是一种使命的传承。当她的同伴们因为无法忍受艰苦的环境而劝她一起返回故乡时，她坚决地拒绝了，因为她深深地明白，自己的归属和使命就在这里。

尤良英继承了老一辈军垦人精神，积极投身于植树造林活动。她希望更多的人能够在这片土地上享受到绿荫的庇护和清凉。在植树的时候，她会在每一棵树苗上留下自己的标记，以此来表明这棵树是由她亲手栽种的。当这些树苗成活后，她会定期回来为它们培土施肥，确保它们能够苗壮成长。她满怀期待，希望在自己年老的时候，能够有第三代、第四代的人来到这里，她可以向他们讲述哪棵树是她当年亲手栽下的。在其中一棵树上，她特别留下了"干"字标记，这个标记不仅寓意着树木的成长和壮大，也时刻提醒着自己要保持干劲，勇于行动，不断前进。

硕果累累

经过一年的辛勤耕耘，一家人终于能够坐在一起，仔细地计算着这一年的收入。他们满怀期待地核对着每一笔账目，结果令人振奋。他们发现，除去日常开销之后，竟然还有一两千元的盈余。这使得他们首次有了余钱购置新家电，生活条件也随之逐渐改善。望着家中一件件通过自己的双手挣来的物品，尤良英心中充满了喜悦和满足。她看着那些新添置的家电，心中充满了成就感。这些家电不仅仅是物质上的收获，更是他们一年来辛勤劳动的鉴证，是对他们努力的最好回报。

也正是在这时，夫妇二人真正理解了婆婆的良苦用心。过去，婆婆总是督促他们勤俭持家、努力工作，不要浪费一分钱。他们曾经觉得婆婆的要求过于苛刻，但现在他们终于明白，正是婆婆的督促和教导，让这个家庭不断向着更好的方向发展。他们感激婆婆的智慧和远见，也为自己能够通过努力改变生活而感到自豪。他们认识到，每一分钱的节省和每一份工作的努力，都是为了家庭的未来和孩子们的幸福。这个家庭的未来充满了希望和光明，他们相信，通过持续的努力和节俭，生活将会越来越好。

在他们的共同努力下，家庭的经济状况得到了显著改善。他们不仅能够满足基本的生活需求，还有余力去考虑如何进一步提高生活质量。他们开始规划家庭的长期目标，比如孩子的教育投资、家庭成员的健康保障以及退休规划等。他们意识到，只有不断地积累和投资，才能确保家庭的未来更加稳固。

生命的奇迹

尤良英和婆婆之间曾经发生过一件生死攸关的大事，每当提起这件事，都让人不禁感叹命运的无常和生命的脆弱。婆婆早年患有冠心病，每到冬季都会咳嗽不止，身体每况愈下，需要更多的休息和照顾，不能承受任何劳累。然而，由于当时家境贫寒，尤良英无法为婆婆提供一个舒适和温暖的生活环境，这让她和家人感到十分无奈和心痛。

随着时间的推移，婆婆的病情越发严重，经历了多次抢救，每次抢救，医生都让家人做最坏的打算，但每次都能奇迹般地化险为夷。然而，命运似乎并没有就此眷顾这个家庭。直到有一天，婆婆再次病危，尤良英深感不安。看着婆婆被推入抢救室，往日相处的点点滴滴在尤良英的脑海中涌现，她再次意识到生命的脆弱和宝贵。

尤良英跪在医生面前，泪流满面祈求医生救救婆婆，因为她深知婆婆待她如亲生女儿一般，她觉得自己尚未尽孝。她心中充满了愧疚和自责，只希望上天能够给她一个机会，让她弥补不足，好好照顾婆婆，让她安享晚年。在这个生死攸关的时刻，尤良英深刻地感受到了家庭的温暖和亲情的力量，她愿意付出一切，只为能够留住婆婆的生命。

在经过一段漫长而煎熬的等待之后，抢救室的门终于缓缓打开了，一位医生步履沉重地走了出来。他的脸上带着严肃的神情，向尤良英一家传达了一个令人痛心的消息：病人的状况非常不乐观，建议他们多陪伴病人度过这最后的时光。尤良英的心瞬间被一股巨大的恐惧所笼罩，仿佛又回到了那个惊恐的童年。难道她又要失去一位至亲了吗？她的四肢变得僵硬，双手失去了知觉。尽管周围的人都在劝阻她，她还是不顾一切地冲到了婆婆的床前。看着那张毫无生气、苍白如纸的脸庞，尤良英的泪水再次滑落："妈妈，我知道你这一生吃了太多的苦，承受了太多的痛苦。眼下我们的生活刚刚有所好转，我还没有让你过上真正的好日子，你怎么舍得就这样抛下我们呢？"然而，回应她的只有病房里那刺眼的白色墙壁和冰冷的医疗设备。心电图上的波形逐渐变得平缓，婆婆静静地闭着眼睛。

尤良英不愿意接受这样的事实，她重新握起婆婆那冰冷的手，坚定地说道："妈妈，虽然你没有给我生命，但你给了我重生的机会。是你教会了我如何做一个好儿媳、一个好妈妈。你一定要坚强地与命运抗争、与病魔斗争。以后我会好好孝顺你的。"然而，心电图上的波形依然没有任何变化，仿佛在无情地宣告着生命的流逝。

尤良英又想起了婆婆一直以来的愿望，那就是希望能有一个健康的孙子。婆婆从未向他们提起过这个愿望，生怕给他们带来压力。尤良英相信人心的力量，她决定和婆婆一起战胜命运。她拉起婆婆的手，轻轻地放在自己的肚子上："妈妈，你醒醒，摸摸我的肚子。我已经怀孕两个月了。你不是想再要一个健康的孙子吗？你一定要好起来，将来陪着孙子们玩啊。"一想到婆婆会带着这样的遗憾离开人世，尤良英的心就痛得无法呼吸。她回忆起婆婆平时给自己唱的儿歌，便哭着给婆婆唱起那些熟悉的旋律，希望能够唤起婆婆对生命的留恋。

尤良英在婆婆的病床前如泣如诉，待了一个多小时，其间一直握着婆婆的手，不断地和她说话。恍惚间，她仿佛看到婆婆的眼皮动了一下。尤良英惊喜不已，立刻大声呼喊医生来看。当医生们赶来确认婆婆真的恢复了生命体征时，所有人都震惊不已。婆婆竟然奇迹般地活了下来！医生们对此也感到难以置信。

原来，人世间真的存在奇迹。

扫码解锁

◉群英颂歌 ◉勤劳致富
◉无私奉献 ◉奋斗底色

温馨之花

在经历了婆婆的这一次抢救之后，尤良英深刻领悟到了家庭的重要性。她意识到，生命是如此脆弱和宝贵，正是因为人生有限，人们才会更加珍惜彼此相处的每一刻。她相信，只要人们以真诚之心相待，就能构筑起牢固的情感桥梁。即使没有血缘关系，婆媳之间的关爱与奉献也能建立起超越血缘的深厚情谊。这种情感的纽带，是任何物质财富都无法比拟的，它能够跨越时间与空间的限制，成为人们心灵深处最坚实的依靠。

在婆婆康复的过程中，尤良英的第二个孩子也在腹中逐渐成长。鉴于大儿子先天不足，尤良英在孕期每天都充满了担忧，生怕第二个孩子也有什么问题。然而，内在的乐观与坚韧让她相信，只要心怀善意，终将收获美好。她经历了许多磨难，唯一的愿望就是让孩子免受这些痛苦。她希望，通过自己的努力和坚持，能够为孩子们创造一个充满爱与关怀的成长环境，让他们在健康和快乐中茁壮成长。

　　幸运的是，这个孩子出生后健康活泼，尤良英心中的重负终于得以释放。不仅如此，随着孩子的长大，他在学习上的努力与天赋也日益显现。二儿子不仅聪明伶俐，而且一点即通，学习进步迅速，深受老师喜爱。

　　在孩子成长的过程中，尤良英虽然工作繁忙劳累，但只要看到婆婆与孩子们温馨的画面，疲惫便会烟消云散。她深知，家庭温暖和孩子们健康成长是她最大的动力和支持。每当看到孩子们的笑脸和婆婆慈祥的面容，她就感到所有的付出都是值得的，这份幸福和满足感是任何成就都无法替代的。

　　在一个阳光明媚的午后，尤良英踏入家门，迎接她的是婆婆和儿子们那充满神秘和喜悦的微笑，仿佛他们正期待给她一个惊喜。二儿子那稚嫩的小手，从背后小心翼翼地拿出一朵鲜艳夺目的小红花，递到了尤良英的手中。这朵小花，是他在学校里因为表现出色而获得的奖励，是学校颁发给表现最佳学生的荣誉。

　　看着孩子那羞涩而又兴奋的神情，在他那通红的小脸上绽放，尤良英的心中涌现出一种难以言喻的喜悦和欣慰。她深深地体会到，这样美好的家人，是上天赐予她的珍贵礼物。她坚信，只要坚守善良之心，不懈追求美好的事物，就一定能够得到上天的眷顾和恩赐。尤良英感慨万分，心中充满了感激之情，她感谢生命中这朵美丽绽放的小花，感谢它带来的温暖和希望。

从那以后，这个家庭的凝聚力更加强大了，他们团结一致，共同面对生活中的各种挑战和困难。然而，大儿子的情况却让人忧心。他的智商相当于三岁孩童的水平，这使他在课堂上难以遵守纪律，也难以完成一整节课的学习任务。因此，他无法像其他孩子一样进入正常的学校接受教育。面对这样的困境，尤良英没有放弃，她开始在当地寻找，希望能够找到一所专门接纳特殊儿童的专业学校，为大儿子提供一个适合他的学习环境。但是，经过长时间的寻找，她始终未能找到合适的学校。在这样的情况下，教育孩子的重担就落在了尤良英的肩上，她决定亲自承担起教育大儿子的责任，用她全部的爱和耐心，为他打开通往知识世界的大门。

尽管自己的孩子无法像其他孩子一样接受正常的教育，尤良英仍然抱着希望，她希望他能够学习一些基本的文化知识。她工作之余的大部分时间，都陪伴在孩子身边，耐心地帮助他学习和成长。从孩子学会第一个完整的动作，到说出第一句完整的话，这些对普通人来说轻而易举的事情，于尤良英和她的大儿子而言，却需要付出数倍的时间和努力。看着大儿子逐渐学会走路，语言表达也日渐完整，尤良英感到无比欣慰，那些与孩子共度的无数日夜变得璀璨夺目，充满了意义和价值。

随着时间的推移，孩子们长得越来越健康。大儿子已经基本能够正常生活，能够清晰地表达自己的想法，并能够用简单的词汇描绘出他的内心世界。尤良英看到大儿子的进步，心中充满了骄傲和喜悦。二儿子的表现也非常出色，他在学习上从不让家人操心，凭借自己的努力和才智，成功考入了浙江大学，并顺利完成了学业。如今，他已经拥有一份令人称羡的工作，成为家人的骄傲，为家人带来了无尽的荣耀。婆婆在经历了那一次抢救后，又度过了24年的幸福时光。在这段时间里，婆婆满怀对生命的敬畏和对生活的感激，珍惜与家人相处的每一刻，直至生命的终点。尤良英一家的故事，是关于坚持和爱的传奇，是面对困难不屈不挠、勇往直前的生动写照。

| 第四章　曙光：机遇与挑战

扫码解锁

◉群英颂歌◉勤劳致富
◉无私奉献◉奋斗底色

雄鹰飞翔

　　2001年，北京申奥成功，举国上下为之振奋。随后，我国正式加入世界贸易组织，成为国际舞台上具有重要影响力的成员之一，国家的发展与每个国民的命运紧密相连。对于尤良英而言，这一年同样充满了机遇与挑战。

　　得益于过去两年的改革积累和资金筹备，尤良英对自己的事业规划充满信心。她已成为团里公认的农业专家，似乎任何难题在她面前都能迎刃而解。然而，正是这份自信，给她带来了前所未有的挑战。事情的起因是这样的，为了进一步深化团场改革，兵团需要将更多的土地承包出去，但有600余亩质量欠佳的土地无人愿意承包。领导想到了尤良英，询问她是否愿意接手这些土地："目前，这些土地是我们的一大难题，我们这里没有人有信心能够经营好它。其他人都不愿意接手，我们认为只有你有这个能力。如果你愿意承包，我们可以提供最大的优惠条件，你考虑一下。"领导本以为尤良英需要时间考虑，没想到这位看似瘦弱的重庆女子果断地接下了这一重担，签订了600余亩土地的承包合同。

"感谢领导的信任，我会尽力做好。"尤良英说。

实际上，尤良英在签下这份合同之前，内心并非没有一丝一毫的担忧和顾虑。虽然在过去两年的时间里，她通过承包土地的方式，已经赚取了超过2万元的利润，但这次的承包面积从原来的40亩土地一下子增加到600余亩，这绝不仅仅是数量上的简单变化，而且，这些新增的土地大多并不适合种植农作物，如果产量上不去，可能会导致亏损。更不用说，启动这项投资需要资金20余万元，这无疑是一笔不小的数目，她担心家人不会同意。

"什么？别人不要的土地，你为何还要去耕种？我们一家人安安稳稳地生活不好吗？我们从哪里筹集那么多资金投入这些土地？即使投入了，如果最终亏损怎么办？我们一家人岂不是要陷入困境？"尤良英的丈夫完全无法理解她的决定，坚决反对。对于当时的家庭而言，他有一份稳定的工作——驾驶东方红拖拉机，每月能带来390元的收入。加上家里原本承包的40亩土地，一年的收入有一万余元，一家人可以稳步向小康生活迈进。但若这次投资失败，家庭可能将背负沉重的债务，不知何时才能翻身。他认为妻子过于冒进，没有充分考虑全家人的利益。

　　一直保持沉默的婆婆在听完事情的原委后，经过深思熟虑，也认为尤良英的决定过于草率，劝她重新考虑。"别人种不好，并不代表我们也种不好。我对自己的农耕技术有信心，只要勤奋努力，结果一定不会差。土地质量不佳，我就多加照料；资金不足，我可以向别人借钱；启动资金不够，我可以与人协商，先欠账。但这样的机会难得，一旦错过，可能就不会再有。"尤良英坚定地向家人解释道。

　　"你只想着做大事，有没有考虑过家人的风险？"丈夫的反对曾使尤良英动摇，毕竟家人对她而言极为重要。然而，自幼经历无数磨难的尤良英，早已锻造出一颗坚韧的心。她曾无数次在绝望中挣扎，但每次都能看到希望的曙光，学会在逆境中求生。面对如此多的困难，她都挺了过来，为何不能再次尝试呢？想到这里，尤良英更加坚定了自己的信念，即使家人暂时不理解，她仍想告诉家人：无论发生什么事，我都要坚持自己的决定。她相信，只有迈出这一步，才能实现梦想。

　　在随后的日子里，尽管尤良英的家人对她表现出冷漠和疏远，但她依然在内心深处不断地告诉自己：真正的成功往往隐藏在风险之中，如果没有勇气面对风险，那么就不可能有获取丰厚回报的机会。她坚定地认为："我绝对不想度过一个平凡无奇的人生，我要努力成就一番伟大的事业，去改变更多人的命运。"她坚信：只有那些敢于在险峻的环境中翱翔的鹰，才能真正被称为雄鹰；只有那些勇于尝试和挑战的人，才能真正被称为勇士！

 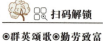

扫码解锁

◎群英颂歌◎勤劳致富
◎无私奉献◎奋斗底色

拨云见日

尽管尤良英对自己的选择抱有坚定的信心，残酷的现实还是给她带来了沉重的压力。在一次激烈争执之后，尤良英依然坚持自己的决定。在那段时间里，她与丈夫长达半年未见过面，两人各自居住在工作地点，回家也只是通过留纸条的方式进行沟通。尤良英本是重情重义之人，在这半年的时光中，她感到极度失落，但她依然坚持自己的决定，决心将之进行到底。

尤良英承包的600余亩土地位于塔克拉玛干沙漠边缘。该地区属于温带极端大陆性干旱荒漠气候，常年雨水稀少，不利于农作物生长，且风沙频繁，气温极端，夏季最高35℃以上，冬季则可降至零下20℃。面对这片广袤的黄沙地，人们不禁感慨大自然的辽阔，思绪随风飘向远方，然而风中夹杂的细沙却将人们拉回现实，提醒人们生活中还有许多艰难而沉重的责任需要承担。

在那段时间，尤良英既未获得家人的支持，又缺乏足够的资金。尽管如此，尤良英并未被击垮，她那瘦弱的身躯蕴藏着巨大的信心和力量。她通过与商家协商，以赊账的方式解决了购买种子和肥料等大额支出的问题。由于沙漠边缘的沙土地不适合驾车，尤良英花费260元购买了一辆旧摩托车，以解决远距离的交通问题。尽管这辆摩托车笨重且容易漏油，但它最大的优点是价格低廉，对于当时的尤良英而言，这已是她所能选择的最佳交通工具。

因此，在那段独自奋斗的岁月里，人们常能见到一个瘦弱的女人骑着一辆高大的旧摩托车，在兵团宿舍与20千米外的田地间艰难而倔强地行驶。那条路比想象中的更为漫长，途中不时有土包出现，稍有不慎便会人仰车翻。那辆近140千克的摩托车倒下时，压在体重不足50千克的尤良英身上，她甚至没有时间哭泣，因为还有大片的田地等待她去管理。沿途人烟稀少，20多千米的路程中有4千米是无人区，夜晚的风声带来未知的恐惧，使这4千米的路程尤为难熬。这条路最深处的意义，或许是它恰好触及了尤良英与家人分离后孤独无助的心。每当月明星稀，尤良英看到自己在路面上孤独的影子，那份对家人的思念便难以抑制。

然而，现实的路况不容分心，稍有不慎便会连人带车摔倒在沙堆中。沉重的摩托车压在身上，劳作一天的尤良英根本无力推动。面对漫长的前路，尤良英心中的思念、无助和委屈便会一股脑儿倾泻而出。她不知道经历了多少个独自痛哭的夜晚，也曾动摇过、也曾怀疑过，质问过自己为何要过得如此辛苦，为何一定要坚持做这件事。

然而，世间许多事情往往是无解的。

在发泄完情绪之后，尤良英又会重新振作起来，因为她知道还有路要走。虽然心中充满恐惧，但尤良英相信一切都会过去，就像她选择种植的土地，虽然现在困难重重，但既然已经做出选择，就必须坚持下去。如果中途放弃，损失将会更大。就这样，她自我安慰，自我鼓励，一步步走了很远的路。

人们常说万事开头难，但只有当你真正开始创业或追求某事时，才会发现，困难不仅存在于开始，而且可能越来越严峻。在承包沙地这件事上，尤良英从未想过资金链断裂的问题，更未料到会带来如此严重的后果。

在那个年代，科技尚未达到现代化的水平，棉花的采摘工作仍然需要依靠人工一朵一朵地进行。600余亩棉花田需要投入大量的人力。因此，到了采摘的后期，尤良英原本就紧张的资金链开始出现问题，无法按时发放工人的工资。起初，她还能与工人们进行协商，请求他们理解，但随着时间的推移，问题依然无法解决,工人们便开始传尤良英的资金出现了短缺,之前的工钱可能无法兑现。这样的舆论迅速发酵,工人们不仅拒绝继续下地工作,还聚集在尤良英家门口,要求她支付拖欠的工钱。工人们的声讨声一浪高过一浪,将尤良英家的门口围得水泄不通。

尤良英本无意拖欠工人的工钱,但她的经济状况实在窘迫,让她无法兑现之前的承诺。她只能向亲朋好友借钱支付工人工资。然而,由于无人相信她能够营利,因此无人愿意借钱给她。

尤良英四处求助,却始终无门。她再次路过自己承包的田地,看到大片的棉花等待采摘,半年的心血即将付诸东流。眼前这些紧迫的问题,她却无钱解决,尤良英感觉自己如临深渊,一步之遥便是万劫不复。尤良英心中痛苦焦急,走在自己不知踏过多少遍的田间地头,再也无法控制情绪,所有的委屈、无助和不甘一并涌上心头,泪水随之流淌。那一刻,仿佛全世界都在与她为敌,这么多问题同时发生,她却一件也解决不了。尤良英感到无比焦急和无助,她终于放下所有坚强,瘫坐在地头失声痛哭。

就在这时,一位阿姨走过来,看到哭泣的尤良英便上前了解情况。听尤良英哭诉完,阿姨安慰道:"孩子,不要难过,生活总会遇到困难和挫折。我曾经也是一名兵团战士，经历过挖大渠、修水库、住地窝子的日子。那些日子虽然艰苦，但我们依然坚持下来了，因为我们相信没有闯不过去的关，没有过不去的山。"

阿姨的话让尤良英感到些许温暖和鼓舞。她轻轻拍着尤良英的肩膀说："孩子，无论遇到多大的困难，只要你勇敢地面对，扛住了，就会有希望。人生就是这样，有时候我们需要经历一些磨难才能成长。"

阿姨的话让尤良英的心情有所舒缓。是的，老一辈在那样艰难的岁月中都挺了过来，谁没有遇到过一些难事呢？借不到钱就再想别的办法，实在不行就与工人协商，签欠条，或者再次厚着脸皮向亲朋好友借钱。想到这里，尤良英心中便做好了最坏的打算，准备迎接更大的挑战。

然而，尤良英万万没有想到，第二天，这位萍水相逢的阿姨竟然骑着自行车，穿越几十千米的沙路，满头大汗地出现在尤良英的家门口。她用一个皱巴巴的布袋装着3万块钱。她找到尤良英，告诉她先用这些钱支付工人的工资，确保棉花能够及时采摘。

"没有过不去的坎儿，坚持下去，阿姨相信你可以成功。"尤良英接过这笔钱时，感动得跪倒在地，感激的泪水瞬间涌出眼眶，她对阿姨的敬佩和感激之情难以言表。

这位善良的阿姨名叫刘香花，这些钱原本是她用来养老的积蓄，但她毅然决定帮助尤良英。对于尤良英而言，刘阿姨是众多工人养家糊口的希望，更是将尤良英从困境中解救出来的恩人。那一刻，尤良英所有的委屈和辛苦都烟消云散，心中只剩下对刘阿姨的深深感激和强烈的使命感。刘阿姨的善举帮助尤良英渡过了巨大的难关，这份恩情将永远铭记在尤良英的心中。

刘阿姨的帮助对尤良英产生了深远的影响，从那以后，尤良英更加坚定地践行善举，传递爱与希望，并深刻意识到老一辈人无私的爱和奉献精神应当得到更好的传承。有些人无论遭遇多大的困境，总能在深渊的缝隙中看到一线光明。就像这次，有人在雨中为她撑伞，她便想将这份善意传递到更远的地方，让更多人受益，拯救更多处于困境中的人。

第五章　向阳花开：传递善与希望

扫码解锁

◎群英颂歌◎勤劳致富
◎无私奉献◎奋斗底色

初识麦麦提

　　尤良英终于从困境中脱身，她还了刘阿姨的钱并郑重表示了感谢，从此事业也逐步走上正轨。自2001年第一次承包600多亩田地，尤良英扛住了最艰难的耕耘岁月，这一年扣除所有的欠账和支出，尤良英共计收入7.5万元。虽然步步惊心，但结局是可喜的。也正因为这一路尤良英承受了太多不为外人所知的艰辛，一年合同结束后，尤良英便决定不再续约，她要在力所能及的范围内稳步前进。

　　到了2005年，尤良英通过不懈努力和辛勤劳动，成功地使自己在团里脱颖而出，成为名副其实的承包大户和种植状元。她的年收入也从最初的1万多元稳步增长到了每年3万多元。尤良英自己也难以相信，两年前，她还因为那1万多元的收入而兴奋得夜不能寐。她深知，这一切的改变都是她辛勤付出的结果。

　　2009年，尤良英和她的姐姐、弟弟三个家庭都各自购买了一辆汽车。虽然这些车只是几万元的普通车型，但对于当时的街坊四邻来说，是一个令人瞩目的大新闻。因为在那个时候，拥有家电已经是一种小康生活的象征，而汽车更是罕见。令人惊叹的是，一个大家庭同时购买三辆车的情况更是少之又少。这件事在当时引起了不小的轰动，大家对尤良英一家优越的生活条件羡慕不已，同时对他们的勤劳品质表示敬佩。

尤良英深知，自己之所以能够取得今天的成绩，离不开那些曾经帮助过她的人。她也深知，随着自己能力的提升，责任也随之增大。她不能辜负那些真心跟着她学习的同伴，更不能辜负那些曾经帮助过她的人。凭借过硬的技术和可靠的人品，乐观温暖的尤良英开始像太阳一样，温暖着每一个认识她的人，影响着他们的生活。她的故事激励着更多的人，让他们明白，只要付出，就一定会有回报。

在接下来的时间里，田地里遇到的问题尤良英基本上都要亲自过问和解决，细到选种的类别和多少、播种的间距和深浅、采收的时机和技巧。尤良英把这些年积累的经验毫无保留地教给每一个跟着她学习和工作的人。她相信，只要真心帮助别人，当有一天自己遇到困难的时候，别人自然也会帮助她，自己能有今天，就是在关键时刻被人帮助而渡过难关的，她还有什么理由不去帮助别人呢？

⊙ 2016年，尤良英在棉花地中

尤良英在忙碌的工作中从未停止思考，团里很多人也都承包了土地，虽然大家的技术在互相学习中越来越娴熟，但到收获的季节，人手总是不够用。因为农收得需要人工，所以人数的问题还需要进一步解决。这时尤良英想到，可以招收南疆本地的农民来做拾花工。这样既能让他们在工作的过程学会一些有助于提高农作物产量的方法，增加他们的收入，又可以解决自己的棉花采摘缺少工人的问题，真是两全其美的办法。想到这，尤良英便开始找渠道实现这个计划。

首先，她问了很多老战士和熟悉的当地人，他们所在的地区人口不是很多，且居住地也比较分散，附近的人大部分都有自己承包的土地，秋收的时候主要忙于自家。因此，有人给她推荐了稍远一些的南疆的一个贫困地区，那边人民的生活水平比较低，正好符合尤良英助人助己的想法。经过了解，情况确实如此，于是尤良英果断决定让他们来工作，摘棉花的收入比他们原本的收入高出很多，他们想改善自己的生活，工作也会很认真，尤良英这样想。

然而，当他们来到这里之后，尤良英便遇到了第一个问题，他们说话都用维吾尔语，一句普通话也不会说，而尤良英又只会说汉语，沟通真是难于登天。他们需要沟通的事情有很多，比如，种植的方法、采摘的技巧等，如果都只依靠翻译就会非常慢，而且有些内容还表达不到位。为了解决这个问题，尤良英便在工作中通过和大家一起劳动，靠动作和手势来进行交流。在休息时间，她还认真地学习维吾尔语的词汇和表达方式。尤良英性格开朗乐观，在学习语言方面也很有天赋，有时发音很奇怪会一下子逗笑所有人，但尤良英并不会觉得不好意思，反而因为和大家相处融洽而开心不已。就这样，尤良英从只能听懂一个词，到后来自己也会说几个词，再到基本可以听懂他们的大概意思，最后解决了语言沟通上的问题。

尤良英想着自己一家也是从一无所有的农民努力到今天，想到那些天不亮就被婆婆叫起来干活的时光，这些经历虽然辛苦但收获是可喜的。现下自己有了帮助别人改变生活的能力，她也想让他们过上好日子，首先要做的就是改变他们的思想观念，要让他们明白只有通过自己的双手才能真正改变命运。

在相处中，尤良英留意到人群里有一个朴实的小伙子，叫麦麦提图如普·穆萨克，平日里每次见到他，他都是笑眯眯的样子，给人的感觉很亲切。小伙子做事情很认真，他身上似乎有一种力量，一种想要改变现状的力量。加上尤良英想起自己刚开始学维吾尔语的时候和他交流过，沟通也更顺畅一些，便想着拉他和自己一起鼓励大家勤劳致富。于是，尤良英再和大家沟通的时候又多了麦麦提的协助，整体的工作效率很快就提高了。在那段时间，尤良英和大家一起工作一起休息，一起在地里摘棉花和聊天，枯燥的工作也变得有动力和欢乐起来。他们一起度过了繁忙又充实的三个月，收获季结束后麦麦提和他的乡亲们不仅赚到了钱，还学到了不少生产技术，他们都非常感激尤良英。

一通求助电话

工作结束后，麦麦提及其同伴返回了他们的故乡。实际上，麦麦提的故乡距离遥远，从尤良英所在的位置到麦麦提的家需要穿越塔克拉玛干沙漠，当时公路尚未完善，全程超过1200千米。因此，在那次愉快的合作之后，随着时间的推移，他们之间的联系逐渐减少。

正当众人都忙于各自的生活时，2006年的一天，尤良英接到了一通陌生电话，来电的竟是久未联系的麦麦提。

"老板，您能帮我一个忙吗？"麦麦提用他略显生硬的普通话，结结巴巴地提出了请求。

"麦麦提，发生了什么事？你尽管说，我在听。"

"我的妻子贝丽古孜不幸患病，需要一大笔钱进行手术。我已经向所有亲戚朋友求助，但还差1万块钱，我实在是无计可施了，您能借给我吗？等我工作赚钱后，会立即还给您。"

"你别着急，我来想办法。"

听到麦麦提那沉重而忧伤的声音，尤良英感同身受。她怎能不了解麦麦提的心情呢？当初她棉花收不上来又借不到钱时，不正和现在的麦麦提处于同样的困境吗？她深知，若非走投无路，麦麦提是不会向仅合作过3个月的老板求助的。想到这里，麦麦提那朴实而又为难的面容仿佛就在眼前。然而，对于当时的尤良英来说，1万块钱并非小数目，毕竟她家一年的收入只有3万元。

尤良英决定先了解情况，她找到了熟悉麦麦提家乡的人，证实了情况确实如此。麦麦提居住在塔克拉玛干沙漠的另一端，一个名为皮山县达里格村木奎拉乡的地区，当地居民的收入普遍较低。了解了情况后，人们也劝尤良英不要借出这笔钱。

"1万块钱不是小数目，你千万不要借。他住得那么远，你们可能以后都不会再见面，而且他只是一个收入不稳定的拾花工人，即使他真心想还，也不知道要多久才能攒够这笔钱，您这钱借出去很可能就没了，不要借！不要借！"

然而，听到这些反对意见，尤良英感到它们异常熟悉。当初自己去别人家借钱时，不也是这样的声音吗？正是这些想法，让她遭受了多少次拒绝和冷眼。但尤良英不愿成为那样的人，这一次，她选择成为刘阿姨那样的人，将善意和希望传递给他人。

决心已定，尤良英不顾家人反对，回拨电话给麦麦提，询问了他的银行账号。由于麦麦提家地处偏远，他只有一个银行账号，而那个银行在尤良英所在地没有设立服务网点，大额转账无法完成。她无奈之下只能乘车前往30千米外的阿拉尔市寻找银行，不幸的是，到达阿拉尔市后发现那里也没有设立服务网点。尤良英没有放弃，又花200元租了一辆车，准备前往更远的阿克苏市。阿克苏距离阿拉尔还有100多千米，尽管转账之路遥远，但想到麦麦提不必再为资金发愁，他的妻子也能得到治疗，尤良英决心克服一切困难完成这件事。最终，在阿克苏市成功转账，尤良英终于松了一口气。

"感谢您，尤大姐，您真是个大好人。"收到转账的麦麦提几乎哽咽着表达了感激之情。

"不用谢，快带你的妻子去看病吧。"尤良英轻松地回答。

两个月后，尤良英接到了麦麦提的电话，他的妻子已经得救，正在康复。他们全家对尤良英感激不尽，麦麦提热情地邀请她到家中做客。得知这个好消息，尤良英欣然答应，此时麦麦提已经将尤良英视为亲姐姐一般，尤良英也将他们视为自己的亲人。

在麦麦提的盛情邀请下，尤良英乘车来到了千里之外的麦麦提家。经过沙漠、无人区和人烟稀少的村落，最终在漫长的车程结束时，尤良英抵达了皮山县达里格村木奎拉乡的麦麦提家。真正到达后，尤良英才感受到那里的贫困。村子里一片荒凉，房屋是用泥土和杨树枝搭建的，低矮破败。麦麦提一家人早早地等在门外，不仅如此，他们还邀请了一群能歌善舞的维吾尔族青年男女，跳起了欢快的舞蹈，并邀请尤良英参与。在一片欢声笑语中，大家仿佛是一家人。舞蹈结束后，麦麦提携家人热情地将尤良英迎进屋内，邻居们也探头探脑地看热闹，一时间，麦麦提家充满了说话声和欢笑声，如同过年一般热闹。

走进麦麦提的家中，尤良英心情复杂。麦麦提家徒四壁，没有一件电器，窗户用旧床单遮挡着，屋内除了床和桌子几乎没有其他家具。他的妻子面色苍白，孩子们也都面黄肌瘦。然而，桌上摆满了丰盛的饭菜，有烤肉、馕饼等当地特色小吃，这些饭菜为简陋的房间增添了一丝温暖。但尤良英后来得知，这一桌饭菜其实是麦麦提从邻居那里借来的，几乎借遍了半个村子，专门用来招待她。他的孩子们已经很久没有吃过这么丰盛的饭菜了，为了留给"恩人"享用，麦麦提的妻子仅让孩子们吃馒头充饥。孩子们的好奇心驱使他们不时偷看，尤良英发现了躲藏的孩子们，心中顿时涌起一股暖流。这淳朴的一家人，为了款待客人，自己的孩子却只能吃馒头。尤良英赶紧把孩子们叫出来，递给他们肉和馕饼，孩子们狼吞虎咽地吃了起来。

在与麦麦提深入交谈后，尤良英了解到，麦麦提不仅家中简陋，前段时间为了给妻子治病，他还欠下了2万多元的外债，生活更加艰难了。听着这个朴实的男人讲述生活的艰辛，却从未放弃对家人的救治。尤良英心中一暖，决定帮助麦麦提寻找工作机会，助他脱贫致富，便问道：

"你们怕吃苦吗？"

"不怕！"

"你愿意到我们团里工作吗？这样可以有稳定的收入。"

"愿意！"麦麦提立刻答应下来，因为他相信这位善良的大姐所做的一切都是为他和他家人好。

在与麦麦提一家人的告别声中，尤良英离开了麦麦提的家。

成为一家人

尤良英在返回后立即与团组织联系，为麦麦提一家在十三团十一连找到了工作机会。

2006年4月，麦麦提携家人抵达尤良英家，开始了全新的生活篇章。尤良英和丈夫在家中为他们腾出了一个房间，并更新了全部的餐具。自此，两家合为一家。

在日常生活中，两家人同居一室，语言交流成为不可或缺的一部分。由于双方对彼此的语言都不够熟悉，沟通时常需要借助肢体动作和猜测。因此，每个家庭成员都从基础词汇学起，如桌子、脸盆、棉花、午饭等，这些日常用语为他们的生活带来了新的体验和收获。一家学习普通话，另一家学习维吾尔语，两家人在欢乐和温馨的氛围中共同学习、共同进步。在语言交流的过程中，他们偶尔也会出现一些误会和笑话。例如，有一次在田间劳作时，尤良英让麦麦提去取工具，结果麦麦提误以为是让他回家。经过询问才明白麦麦提将"耙子"误听为"房子"，以为尤良英不满意他的工作表现。尤良英听后大笑，并鼓励麦麦提，只要勤奋好学，任何事情都能做好，她还教授麦麦提播种和施肥的技巧。

随着时间的推移，两家人的语言沟通也变得更加流畅。到了收获季节，尤良英发现麦麦提拾花的速度较慢。熟练工人一天能拾100多千克棉花，而麦麦提一天只能拾10多千克。尤良英通过观察，发现麦麦提拾花效率低的原因不仅在于技能不熟练，还在于时间分配不当。麦麦提拾花的时间安排随意，常常是太阳升起许久后才开始工作，且拾花过程中频繁休息，下午感到疲倦便早早收工，导致一天的拾花效率极低。尤良英为麦麦提的收入担忧，因为拾花工作的计费标准是按重量计算的。

尤良英想出了一个办法，决定与麦麦提一起摘棉花，并手把手教他如何摘取。她向麦麦提传授了将袋子系在腰间，使用双手同时拾花的技巧。尤良英还向麦麦提展示了熟练工人的拾花节奏，即双手在棉袋和棉株之间快速而协调地工作。麦麦提按照尤良英的指导，拾花速度迅速提升。尤良英还教授了麦麦提摘棉花的动作分解，包括用食指拨开棉花和用其余四指稳定扣住棉花的技巧。麦麦提的拾花效率因此有了显著提高，从每天十几千克增加到几十千克。尤良英对麦麦提的进步表示赞赏，并鼓励他继续努力。麦麦提受到鼓舞，加上尤良英的陪伴和帮助，他的干劲十足，拾花重量与团里最勤奋的工人相当，收入自然大幅增加。尤良英看到麦麦提的进步，由衷地为他高兴。

随着收入的增加，尤良英发现麦麦提一家缺乏理财能力，赚到的钱往往很快就花光了。为了帮助麦麦提存钱，尤良英决定代他管理工资，只留下必要的生活费，其余的工资年底时一并交给他。然而，当积蓄达到4000多元时，麦麦提开始担心尤良英会私吞这笔钱。尤良英虽然感到些许不快，但她决定坚持帮助麦麦提。为了消除麦麦提的疑虑，尤良英找来担保人并写下欠条，最终使麦麦提放心。年底时，尤良英将账目清晰地进行结算，麦麦提一年总共赚了24000元，尤良英又额外给了他4000元，共计2.8万元交到麦麦提手中。这笔钱正好够麦麦提还清因妻子治病而欠下的债务，而尤良英自己借给麦麦提的10000元并未急着要求他归还。

麦麦提接过这笔钱时，激动和惭愧的心情表现在他的脸上，内心充满了收获的喜悦和亲情的温暖。他紧握尤良英的手，感激地说："谢谢你，你就是我的亲姐姐。"两家人的感情随着时间的推移而越发深厚。

一通求助电话改变了麦麦提的命运，为这个原本贫困的家庭带来了光明和希望。通过勤劳的双手，他们真正实现了生活质的转变。

从2007年开始，麦麦提不再满足于简单的打工，他开始有意识地学习兵团先进的棉花田管理技术。尤良英也放手让他管理一部分土地，从犁地、定苗到打顶、施肥、喷药，一整套技术都亲自传授。唯独在打顶①这一环节上，麦麦提坚持自己的传统做法，认为打顶是浪费力气，不利于棉花生长。尤良英决定通过实践来证明科学打顶的效果，她拿出一块地，其中100株棉花进行打顶，另外100株不打顶，其他条件完全相同，最后比较两者的产量。结果表明，打顶的棉花产量明显高于未打顶的棉花，麦麦提终于心悦诚服，从此也开始采用打顶技术。

自从在尤良英这里学习到新技术后，麦麦提的土地产量大幅提升。到了2008年，他的棉花地每亩产量达到280千克，2009年更是达到每亩320千克，而他的邻居同期产量最多仅为180千克。麦麦提在尤良英的指导下，不仅还清了所有债务，还掌握了先进的科学种植技术，年收入稳步增长，生活越来越好，他的眼中也闪烁着希望的光芒。

---

① 打顶：掐去某些作物的尖，使之增产，也称打尖。

"妈妈"

麦麦提的技艺日益精湛，经济状况亦随之稳步提升。然而，2008年的一个午后，尤良英接到了来自麦麦提家乡的电话，电话那头传来的声音低沉而忧虑，麦麦提告知她一个令人忧心的消息：他的小女儿帕哈尔古丽生病了，身上出现了类似湿疹的红斑。尤良英立即建议麦麦提带孩子前往医院接受检查。经过医生仔细诊断，孩子被确诊患红斑狼疮，并伴有败血症症状，已经开始有出血现象，治疗过程极为艰难。为了提高孩子的免疫力，医生建议使用特定药物进行定期冲洗，但高昂的药费对刚刚偿还完债务的麦麦提而言，无疑又是一笔沉重的经济负担。

尤良英抵达医院，亲眼看见了孩子严重的病情。持续高烧使孩子虚弱地躺在病床上，医生说，这种病症会导致孩子全身关节肿痛，口腔和皮肤极易过敏及感染。孩子只能在床上辗转反侧，疼痛难忍时低声哭泣，哭累了便昏昏睡去，不久又被疼醒。目睹此情景，尤良英心如刀绞。医生表示情况严重，需要家人投入大量时间和金钱进行治疗，但治疗效果无法保证，最终取决于孩子的恢复情况。受败血症的影响，治疗期间必须避免孩子有任何伤病，因为即便是微小的伤口也可能危及生命。麦麦提听闻此言，几乎无法承受这沉重的打击，他无法接受心爱的女儿长期遭受如此痛苦，同时，高昂的治疗费用也使这个家庭再次陷入困境。尤良英以大姐的身份安慰麦麦提，坚定地告诉他："无论如何，我们必须尽全力帮助孩子渡过难关，决不能轻言放弃。"

照顾病患是一项需要极大耐心和爱心的工作，加之孩子的病情时有反复，每当病情加重时，无论多忙，尤良英都会赶到医院陪伴孩子。孩子尚不足四岁，却要承受这样的病痛，这让尤良英心如刀割。她像对待自己的孩子一样，搂着她哄她入睡；在孩子精神稍好时，抚摸她的脸颊，给她讲故事，教她学习汉语；有时还会准备孩子喜欢的小蛋糕，作为按时服药的奖励……有尤良英在的病房总是充满欢声笑语，每当听说尤良英阿姨要来，孩子便满怀期待。见到尤良英，孩子就像小跟班一样，钻进她的怀里，然后在尤良英的怀抱中安然入睡。

有一次，孩子病情反复，痛苦地在床上挣扎，口中竟然用普通话呼唤"妈妈"。正在陪护的尤良英心如刀绞，泪水不由得流了下来。她紧紧握住孩子的小手，轻声安慰她："妈妈在这里，妈妈在这里，不要害怕，一切都会好起来的。"孩子听到尤良英的声音似乎得到了安慰，渐渐平静下来，头靠在尤良英的臂弯里睡着了。看着孩子熟睡的脸庞，尤良英深感她们之间仿佛母女般的深厚情感，尽管孩子年纪尚小，语言不通，但这丝毫不影响她们之间真挚的爱。

实际上，尤良英不仅在时间和情感上给予孩子陪伴，还在治疗过程中向麦麦提提供了总计11万元的借款。在两家人的共同努力下，孩子的病情逐渐好转，3年后，孩子的病情得到了控制，并最终完全康复。她能够像其他孩子一样，在阳光下尽情奔跑，开心大笑，无忧无虑地玩耍了。

帕哈尔古丽与尤良英之间有着如同母女般深厚的感情。直至今日，那个曾经的小女孩已经成长为亭亭玉立的大姑娘，尤良英见证了她成长的每一个阶段，心中充满了欣慰和喜悦。

共同致富

经历了此次事件后，尤良英与麦麦提两家之间的情谊越发深厚了。自2008年起，他们姐弟俩无偿担任起"经纪人"的角色，为麦麦提家乡的村民介绍工作，使他们得以在团里务工。

当时，棉花种植的机械化水平尚低，每逢拾花季节，兵团便需要大量劳动力进行手工拾花。在尤良英与麦麦提的引领下，最初仅是麦麦提的亲戚朋友被介绍来工作，随后扩展至同村乡亲，进而覆盖至整个乡镇，规模和范围逐渐扩大。在最高峰的一年，通过麦麦提的介绍，有超过500人来到团里工作。通常情况下，介绍工作会收取务工人员100元的费用，但尤良英姐弟俩为了帮助这些少数民族同胞，不仅免费介绍工作，还解决了他们的住宿和交通问题，并教授拾花技巧，协助他们进行称重。最终，团场2万名劳动力中，有80%为维吾尔族同胞。

尤良英与麦麦提的真诚交往，不经意间搭建起一座桥梁，促进了不同地域和民族间的紧密联系，实现了民族融合发展的和谐局面。

2009年，兵团引进了红枣种植技术，许多团场职工开始种植红枣，从而提高了年收入。麦麦提见此情形，也萌生了在家乡种植果树以增加收入的念头。尤良英得知后非常高兴，认为这个弟弟对自己的生活有了更明确的规划，她表示将全力支持他的想法。除了允许他自主管理土地种植外，每当有新技术和新方法出现，她都会及时与他分享，确保他能第一时间掌握最科学、最成熟的技术。

2010年3月，尤良英与丈夫前往温宿县万亩生态林的核桃林场（现木本粮油市场）进行实地考察，发现那里的环境与麦麦提家乡相似，认为应该适合种植。于是，她建议麦麦提："温宿核桃林场也是在石缝中成功种植的，土地条件与你们的相似，今年你可以尝试种植一些，若成功，明年再扩大规模。同时，也可以培育一些红枣苗，明年进行嫁接。"麦麦提听从了她的建议，在家门前打了一口井，培育了10多亩枣树苗和14棵核桃树，并坚持挑水浇灌，确保树苗成活，为来年调整种植结构、发展林果业奠定了坚实基础。

到了第二年春天，尤良英与丈夫携带5万元现金前往麦麦提家，准备协助他进行枣树嫁接。朴实的麦麦提面对如此巨款，心中十分犹豫，担心若收成不佳，会辜负姐姐一家的心意。尤良英洞悉他的顾虑，鼓励他说："好兄弟，有我在，你怕什么呢？即使亏损，还有我呢。不尝试，又怎会知道结果呢？"随后，尤良英引导麦麦提种植红枣、核桃、葡萄等作物，使得麦麦提家的棉花地从原来的7亩6分扩大到20多亩。在种植的关键环节，尤良英不辞辛劳，穿越塔克拉玛干沙漠长达1000多千米的路程，来到麦麦提的家乡，指导他进行树枝修剪、疏冠、扩冠、整枝、环割等。

2012年秋，尤良英再次来到皮山县看望麦麦提。在距离村庄一里地的喀和铁路边，远远就能望见麦麦提家的枣园，树上挂满了泛红的骏枣。尤良英一眼便认出那是兵团的"三五九技术"培育出的枣树。所谓"三五九技术"，是指兵团研发的骏枣整形修剪技术，通过无数次的实验和实践总结而来，旨在最大限度地保持光照和通风，确保高产。尤良英甚至在其中一棵枣树上看到了"四胞胎"技术，即一个枣柄上长出4颗大小均匀的枣子，这是她的独门绝技。看到这些技术在遥远的沙漠另一端得到应用，尤良英感到无比振奋和自豪，更不用说这些技术帮助整个县实现了脱贫致富。想到这些，长途跋涉的疲惫也烟消云散了，尤良英更加坚定地走向了这位来自不同民族的异姓兄弟的家。

⊙ 新疆棉花田地

凉拌蒲公英

许多人对尤良英与麦麦提之间深厚的友谊感到不解，质疑为何尤良英会如此坚定地选择并援助一位普通的拾花工。这不仅源于尤良英一贯的仁慈与助人为乐的信念，也因为麦麦提所展现出的感恩之情。

在尤良英的协助与指导下，麦麦提的家庭生活水平逐渐提高了，不仅解决了基本的温饱问题，还添置了许多生活必需品及家用电器。麦麦提珍藏着一双布鞋，始终不忍丢弃。这双布鞋虽不华丽，却极为舒适与温暖，麦麦提之所以如此珍视它，是因为它出自"妈妈"之手。

尤良英年过七旬的婆婆对这位纯朴青年十分喜爱，亲手为他制作了这双鞋。对于13岁便失去母亲的麦麦提而言，这双鞋承载着多么温馨而珍贵的情感。麦麦提仅穿了数日便不舍得继续穿着，他小心翼翼地将鞋子收起来，带回了家乡。每当思念尤良英一家时，他便取出鞋子凝视，之后又小心翼翼地收好。

这份难得的温情，至今仍被珍藏。

2013年6月，麦麦提与友人共同开了一家农家乐餐厅。开业之际，他特意邀请尤良英一家前来庆祝。看到麦麦提充满活力，尤良英内心感到无比欣慰。在点菜时，尤良英注意到菜单上唯一的用汉语命名的菜——感恩菜。她好奇地询问麦麦提这道菜的含义，麦麦提只是羞涩地微笑，并未直接回答，只是让他们期待一顿美餐。不久，当"感恩菜"端上桌时，尤良英发现竟是凉拌蒲公英。她心领神会，眼眶不禁湿润。尤良英曾患有乳腺囊肿，医生建议她多吃蒲公英以利于控制病情。麦麦提竟细心地记住了这一点。但她同时感到疑惑，因为蒲公英并非当季生长的植物，麦麦提是如何采到这么多蒲公英的？

这时，那个当年病弱的小女孩帕哈尔古丽，兴奋地跑来拉着尤良英的手，带她走进自家的菜田。眼前是一片绿油油、鲜嫩嫩的蒲公英。小姑娘告诉尤良英，这些蒲公英是父亲精心种植的，种子是他在兵团工作时特意采集并带回来的。听说尤良英需要多吃蒲公英，父亲费尽心思种植了这些蒲公英，希望她健康无忧。听到这些，尤良英心中涌起一股暖流，她像慈母般紧紧拥抱着眼前这个可爱的女孩。

人间温情便是如此，多年前播下的善意与希望的种子，在未来的某一天会以绽放的暖意回馈于你。品尝着麦麦提精心制作的"感恩菜"，尤良英感动落泪，菜的味道由苦转甜，仿佛生活中不可避免的苦难，在这一刻，他们以勤劳为佐料，用双手作锅铲，共同烹饪出了生活中那一抹令人难忘的"甘甜"。

之前，许多人无法理解，一个人为何能如此无私地帮助另一个人，不仅借出巨款，还投入了大量的人力与物力。然而，答案其实深藏在当事人的心中，在那吹拂往事的风中，承载着多年前不离不弃的拥抱，绝望中的3万块钱，以及无数善意的微笑与援手。风将这些善意播种在人们心中，又在未来的土地上生根发芽，长成繁茂的绿荫。

2014年，麦麦提的果园营利30多万元，一家人欣喜若狂，他们建起了5间新砖房，购置了新家具和电器，真正踏上了脱贫致富的幸福之路。麦麦提致富后并未忘记帮助周围的乡亲，他像尤良英帮助自己一样，去帮助身边的人。麦麦提的姐姐和姐夫早逝，留下3个孩子，麦麦提将他们抚养长大，直至他们成家立业。对于只会种植小麦且产量较低的乡亲，他主动接管土地，种植果树，并在果树成长期间支付乡亲们等额的收入，等到果树成熟后，再将土地和果树一并归还，确保乡亲们在转型期间收入不受影响，同时能享受果树成熟后的收益。此外，麦麦提还引导村民进行种植规划，除必要的粮田外，大量改种经济作物以增加收入，并且麦麦提还无私地向村民传授兵团的棉

⊙ 2012年3月，尤良英（右）和麦麦提在检查枣树

花、林果种植技术。这些善举逐渐带动了家乡整体脱贫致富，麦麦提也被乡里评为勤劳致富的先进典型。

2015年春日的一个午后，麦麦提不远千里而来，他从家乡带来了两棵桃树和两棵李树，与儿子亚森一起将它们种植在尤良英家的院子里。麦麦提表示，这几棵树承载着特殊的意义："它们象征着我们两家人的亲情，就像亲人一样，虽然是不同民族，但如同桃李树一样，根是相连的，就如同一母同胞，亲如兄弟姐妹。即使将来我无法亲自前来，这几棵树也将代替我陪伴在尤大姐身边，未来我的后代与尤大姐的后代也将同这些树一样，亲如一家，永远不分离。"

尤良英与麦麦提之间深厚的友谊令人钦羡，那些曾经的艰难时光，如今已化作谈笑间芬芳四溢的佳酿。在蝉鸣声中，尤良英仰望繁星点点的夜空，她深知过往的每一次挑战都有光明的指引，她需要做的便是向着这些光明奋力成长。她不断告诫自己："更加努力，再接再厉。"并将这番话传递给麦麦提。她以自己的力量努力绽放，同时为周围的人带来希望。岁月流转，她不仅实现了自己向上生长，还激励了周围的人，包括麦麦提及其周围的人，一同迈向希望之路。如今，当年播下的善意的种子不仅已悄然开花结果，更促进了汉族与维吾尔族之间和谐共处，共同富裕。

尤良英，她做到了，如向阳花般绽放。

第六章　繁花时节，次第绽放

扫码解锁

◎群英颂歌◎勤劳致富
◎无私奉献◎奋斗底色

《我的阿恰》

2019年12月30日晚，在阿拉尔市文化馆大剧院，逾八百名干部群众齐聚一堂，共同见证了电影《我的阿恰》的首映式。该影片讲述了发生在塔克拉玛干沙漠两端的精准扶贫的感人故事，彰显了民族团结在致富道路上的关键作用。影片的原型正是全国道德模范、兵团第一师十三团十一连"两委"委员尤良英与和田地区皮山县青年农民麦麦提。通过艺术化的再现，他们的故事激励了无数观众，促进了民族大融合。这一切的转折点，源于一次宣讲。

时光回溯至2015年7月，尤良英当时仅是兵团中的一名普通职工，生活的重心在于耕种和改善家庭条件。恰逢连队每年一度的民族团结教育活动，尤良英被领导选中参加宣讲比赛。起初，她对宣讲内容感到迷茫，但在领导的建议下，她决定讲述自己与麦麦提之间的故事。尽管缺乏自信，尤良英还是认真准备了演讲。活动当天，面对众多学校老师和大学生的精彩表现，尤良英因自己的草根背景和不够流利的普通话而感到紧张。然而，得益于之前的准备，尤良英在台上逐渐放松，她深情地讲述了自己与麦麦提相识、相处及互相帮助的经历，将听众带入了他们真挚的友情世界。宣讲结束时，她收获了持久而热烈的掌声，心中的紧张随之消散，取而代之的是暖流涌动。这次演讲尤良英获得了特等奖。

宣讲后约一个月，即2015年8月17日，众多媒体纷纷造访尤良英家，深入了解她与麦麦提的事迹。8月20日，包括《新华日报》《光明日报》《人民日报》在内的各大媒体记者齐聚尤良英家的小院，开始了密集的采访活动。尤良英意识到自己的善行无意间被更多人所见，内心激动不已。尽管因指导农户工作不慎扭伤了腿，她仍挂着拐杖带领大家穿越塔克拉玛干沙漠，前往麦麦提家配合采访。

在媒体的广泛报道下，尤良英十几年如一日地帮助麦麦提，并且前后17次穿越塔克拉玛干沙漠，亲自前往麦麦提的家乡，手把手教授其种植技术，引领麦麦提一家勤劳致富，成为当地致富带头人的事迹传遍了全国。她以实际行动坚持长期帮助一个人、带动一群人、致富更多人的事迹，受到了大家的广泛关注并为之深深感动。

起初，尤良英并未预料到自己的助人行为会产生如此巨大的影响。然而，通过这件事，她更加深刻地意识到个人力量的有限性。当大家团结一致、共同努力时，便能创造奇迹。如今，越来越多的人加入了勤劳致富、互帮互助的行列。只要大家坚持不懈地努力，就一定能够实现更多梦想，帮助更多人走上致富之路。

尤良英永远铭记在心的，还有2015年9月30日这一天。这一天，作为全国基层民族团结的优秀代表之一，她被邀请参加国庆庆典活动，并荣幸地出席了国宴。这无疑是一个极其重要且具有深远历史意义的日子。

2015年9月27日，尤良英在棉花地里劳作时接到了自治区的通知，让她立刻准备，带着麦麦提到乌鲁木齐参加一个重要会议。尤良英和麦麦提姐弟随即收拾好行李，乘坐班车前往乌鲁木齐。到达后，领导向他们说明了接下来的行程。28日，他们抵达北京，这是他们首次来到首都，内心的激动不言而喻。随后，他们参观了工人文化馆、大剧院等。

30日上午，他们参观了民族博物馆，当时大屏幕上正在播放他们的事迹，旁边还有专业的讲解员生动地向参观者讲述尤良英和麦麦提的故事。两人看到这一幕，忍不住笑了起来。讲解员注意到站在旁边的姐弟俩与屏幕上的人物极为相似，其他参观者也发现了这一点，纷纷议论："你看，这两个人和屏幕

⊙ 2015年，尤良英（中）在麦麦提家过古尔邦节

上的人简直一模一样。"确实，这真是一个巧合。

不久，领导召集了包括尤良英在内的13位代表到会议室，告知他们下午5点习近平总书记将接见他们。尤良英听后既紧张又兴奋！在场的其他人同样激动不已，大家情不自禁地拥抱在一起，兴奋地交谈着。然而，他们也担心不知该说些什么，万一说错话怎么办？幸运的是，领导安慰他们说："你们都来自基层，无须准备演讲稿，想说什么就说什么。"听到这话，尤良英稍微安心了一些。这时，麦麦提也紧张得不得了："姐姐，我该怎么办？"尤良英安慰他："别担心，你跟着我走就行，我走到哪里你就跟到哪里。"

2015年恰逢新疆维吾尔自治区成立60周年。下午5点，新疆厅的大门缓缓打开，代表们开始进入。尤良英拄着拐杖，看到习近平总书记站在大厅中央，她便扔掉拐杖，蹦跳着来到习近平总书记面前。习近平总书记非常亲切，笑容满面地和大家打招呼。

最后，习近平总书记与大家合影留念，尤良英站在习近平总书记的右边，麦麦提站在她身后，共同定格下了这一珍贵、难忘的瞬间。

此后，尤良英陆续荣获全国三八红旗手、全国五一劳动奖章、全国民族团结进步模范等荣誉，各种嘉奖和会议接踵而至。以前，能够获得这些国家级别的奖项是尤良英想都不敢想的。她只是在自己熟悉的领域深耕细作，然后将所得的心得和技巧传授给需要帮助的人们。如今，这份赤诚之心得到了国家和习近平总书记的认可，尤良英唯一的想法就是要对得起这份信任和荣誉，要借助这个机遇和力量，让更多人受益，让更多的人实现脱贫致富！

紧随其后，电影《我的阿恰》亦已步入制作流程。在团队的共同努力下，影片生动展现了脱贫攻坚战中，每个人都是参与者，助人即助己的理念。同时，影片也让诸多少数民族同胞理解了尤良英和麦麦提的故事具有普遍的教育意义，不同民族之间应携手共进，紧密团结。

对于尤良英而言，2015年和2016年是她经历了巨大变革的两年。在此之前，她未曾设想过能够实现如此宏伟的梦想。如今，她已身处北京，受到习近平总书记的接见，并荣获国家级的表彰与认可。她内心深处异常清晰地记得自己的起点。那些在炎炎烈日下辛勤劳作的果农，以及果农们肩上沉甸甸的果实，都在不断地激励着尤良英，向着更加广阔的未来迈进。

⊙ 尤良英（左）和她的维吾尔族弟弟

济困扶危

实际上，尤良英的事迹之所以广为流传，并非偶然。她始终恪守善良与勤劳的美德，以这些品质约束自己的行为和工作。她不仅向麦麦提一家伸出援手，还帮助了众多其他的人。

2013年大年初二，连队住户刘兰琴的丈夫不幸遭遇车祸身亡，尤良英日夜陪伴她度过人生中最艰难的时刻。刘兰琴在种植红枣方面缺乏经验，导致当年7亩枣园仅收获1000千克红枣。2014年，尤良英亲自指导她从修剪枝条、芽点处理、施肥到田间管理的每一个步骤。到了第二年，枣园的总产量竟增至5000千克。

2013年10月24日，职工陈道平驾驶装满枣子的车辆在回家途中，与一辆运水车相撞。正在地里组织抬花工作的尤良英立刻带领抬花工冲上公路进行紧急救援。陈道平因伤势严重，最终不幸去世。于是尤良英将棉花地的所有事务全权委托给麦麦提处理，自己则不辞辛劳地帮助陈道平的妻子高秀珍处理后

⊙ 2020年，尤良英（左）与麦麦提在劳作中

事，并协助她争取到了30万元的赔偿金。

2014年，职工蔡胜荣的孙女因高烧不退引发肺部并发症，急需转院至乌鲁木齐医院治疗，但其家庭经济困难，难以筹集治疗费用。尤良英得知后，立即提供了4万元现金，成功挽救了小女孩的生命。

每年春天，尤良英都会利用基层调研的机会，积极促进当地贫困家庭劳动力的转移就业。她深知这些劳动力的潜力和价值。因此，她努力为他们创造机会，帮助他们摆脱贫困，改善其生活状况。

2016年，尤良英牵头成立了阿拉尔边疆红果品农民专业合作社，并注册了"尤良英"品牌，致力于生产绿色有机红枣。她计划通过品牌的力量，帮助更多的种植户团结起来，共同走上富裕之路。

2017年春季，尤良英前往和田地区多个乡镇开展调研工作。经过一段时间的细致观察与深入了解，她发现当地许多居民的收入水平较低。通过与他们沟通后，她带领74名来自贫困家庭的少数民族同胞返回第一师十三团十一连，开始了他们的务工生涯。

当时正值合作社社员忙于春耕之际，他们迫切需要劳动力参与农田耕种。因此，这些务工人员迅速被合作社社员们接纳。然而，由于语言障碍，种植户与务工人员之间的沟通变得异常困难。加之这些务工人员均为初次离家，仅过一夜便思乡心切，纷纷请求返回家乡。

面对此情此景，尤良英深感困惑。她认为，尽管存在小困难，可这却是摆脱贫困的良机，为何大家不能共同努力，让家人过上更富足的生活呢？经过深思熟虑，她决定亲自介入，解决这一问题。为了使务工人员安心留下，尤良英逐一拜访他们，向他们阐述在当地务工的益处，并说明如何通过勤劳的双手创造幸福生活。同时，她还主动与合作社社员沟通，指导他们如何关心和爱护这些务工人员，以及如何在日常生活中为他们提供帮助。

在整整一个月的时间里，尤良英将全部精力投入稳定务工人员的工作中，以至于自家农田的事务完全无暇顾及。尤良英的巨大付出，令她得到了欣慰的结果。面对家人的质疑，她表示："虽然我付出了辛劳，但在这一过程中，连队里的许多职工终于认识到民族团结的重要性。他们事后表示，只要我们真心实意地去做，民族团结的事情是可以做好的。"

最终，这些初次离家外出务工的少数民族同胞克服了最初的不适应，在合作社社员的指导下，掌握了田间管理技术，踏上了通过双手创造幸福生活的道路。

凭借之前的成功经验，2018年初，尤良英再次带领和田地

◉ 2016年，尤良英获得全国五一劳动奖章

区100多位贫困家庭的劳动力来到第一师。这些多次外出务工人员，如同回到自己家一样，迅速投入田间地头的劳动中。最重要的是，他们的思想观念发生了变化，并且通过几年的外出务工，实现了家庭脱贫，奔向了小康。

尤良英凭借自己的力量和热情，带动许多贫困家庭改变观念、学习技术、培养勤劳精神，秉承中华民族的传统美德，依靠自己的双手撑起一片天。她的行为不仅提高了无数家庭的生活水平，而且对于新疆地区少数民族与汉族文化的融合起到了至关重要的作用。

"只要心往一处想，就能克服更大的困难，实现脱贫的目标，他们未来的生活必将更加幸福。当他们秋天返回家乡时，收获将是满满的。我的愿望是在脱贫的道路上，不让任何一个人掉队。"尤良英如是说。

有志者，事竟成。2018年，尤良英荣获第六届全国道德模范提名。

她从黑夜中走来，在阳光下绽放，路过的行人都能感受到她的热情与乐观，她向外界传递着更多的爱与希望。

"尤枣"

自2016年起，尤良英便全身心投入脱贫攻坚工作中，积极动员团场职工加入合作社，并系统地归纳和分享了自身的种植经验。她邀请了众多种植领域的专家，每日组织职工进行专业技能培训，并亲自走访职工家庭，为他们解答种植过程中的各种疑问。

合作社在创立初期遭遇了诸多困难。首个合作社成立时，仅有16人参与，各项机制尚未健全。作为尤良英创立的首个合作社的成员，王新举于2016年将自家的40亩红枣地投入合作社。然而，由于多种因素，合作社在成立的前两年并未实现显著的收益增长。面对合作社引入的新型种植模式，王新举未能完全适应，故而做出了退出合作社的决定。

尽管如此，尤良英还是始终坚守对科学种植和系统化管理的追求。她不断探索提高产量的方法，与塔里木大学的专家展开合作，研发出全新的生物防治措施，成功转变了依赖农药和

⊙ 2016年11月，尤良英（左）与麦麦提一起采收红枣

化肥的传统生产模式。通过在红枣地中种植青草或油菜，将其作为绿肥施用，以及在枣树间悬挂反光条和使用白杨树条制作的把子来防治病虫害，整个红枣园实现了生态防护。这些举措助力农户实现了有机红枣的种植目标。尤良英还积极协助职工改革农场种植模式，逐步实现了收入的增加，之前退出合作社的人也重新加入，其中包括王新举。

王新举在重新加入合作社后表示："当时内心充满困惑，不确定自己的选择是否正确。但一年后，我又看到了希望，并带着坚定的信念重新加入合作社。"再次参观王新举的红枣地，可以明显观察到种植方法上的巨大变革。他的红枣树间距较大，树上挂满了丰硕的红枣。而相邻的另一片红枣地里，红枣树间距较小，树上的红枣小且数量少。

实际上，这是合作社开展的一项重要试验，他们加大了红枣树的行间距离，从原来的2.3米增加至4.1米，这不仅使红枣树能够受到更多的阳光照射，还改善了枣树的通风条件。最为重要的是，这一举措使机械化作业成为可能，从而大幅提高了种植和收获的效率。

尤良英补充道："虽然表面上看红枣树的数量减少了，产量看似有所降低，但通过实现红枣种植机械化，种植成本得到了有效降低。增加行间距使得红枣树生长得更加茁壮，结出的

⊙ 2017年10月19日，尤良英在棉花地与维吾尔族兄弟分享棉花收获的喜悦

红枣品质更佳，售价自然提高，从而实现了收入增加。"她笑着说："在专家的指导下，加上我们的精心培育，这些红枣获得了'尤枣'的美誉，品牌效应使得大家更加注重红枣的质量。"

绿色种植

尤良英对以自己名字命名的品牌红枣抱有坚定的信念，即充分利用新疆的天然优势，坚持种植有机红枣。这里的"有机"涵盖了果农在以下三个主要方面的努力：

首先，选择加入合作社的大规模种植树林地，特别是那些树龄超过12年的林地，正处于品质最优与结果最为旺盛的阶段，利用天山雪水进行灌溉。新疆地区独特的自然资源，诸如昼夜温差大、光照充足、日照时间长等优势，为产出优质果实提供了可能。

其次，严格控制红枣每亩的株数在100株以内，原枣每亩产量控制在500千克，商品枣则控制在200千克。这样的产量控制策略确保了每一棵枣树都能充分沐浴阳光，以达到最佳的杀菌

⊙ 2016年，合作社社员在枣树地里交流学习

效果。在生物防治方面，尤良英采取了物理和生物防治措施，针对偶尔发生的虫害，使用辣椒、苦参碱、苦豆子等天然物质进行处理。

最后，采用科学的生态种植方法，即在红枣地里养殖鸡鸭鹅，让它们在田间地头觅食，随后将其粪便旋耕入土作为肥料。同时，还种植油葵、野菜等作为绿肥，以提高产品的品质。

尤良英合作社的种植地位于塔克拉玛干沙漠附近，远离工业区，因此土地未受工业污染。合作社依托塔里木大学、石河子大学的科研力量，为果农提供科学的种植方法，从修剪到施用有机肥等环节均严格遵循国家标准。所有农产品都经过逐户检测，只有合格的产品才会被集中到合作社进行清洗、加工和包装，形成一套完整的监测流程。

这样的条件下种植出的红枣，个头大且饱满，营养价值高，可以迅速帮助合作社在国内市场打开销路。

郭德欣也是2016年加入合作社的第一批社员之一。他在销售红枣时，偶然发现了一种全新的苹果品种——红色之爱，立即向尤良英汇报，并决定购买一批果树苗进行试种。尤良英又邀请了科技专家进行指导，这批果树终于结出了果实。郭德欣兴奋地说道："这种新品种苹果一上市，就受到了市场的热烈

⊙ 尤良英种植的枣树

欢迎，每千克售价达到50元，远高于我们过去种植的红富士苹果。目前已有很多客商主动联系我们，预计产量超过14吨，正在洽谈价格。"

尤良英在与合作社成员交流时表示："我们设定了有机、绿色的种植目标，就应当努力探索新的种植模式。过去我们的红枣每千克仅售2.5元到3元，现在能卖到6元，关键在于我们的种植成本降低了，这样我们赚得更多了。我们合作社要种植出最优质的产品。"听到这些，围坐在一起的社员们纷纷点头表示赞同。

2018年2月，尤良英凭借在职工中的良好声誉，当选为十三团十一连的"两委"委员。此时，她不仅是第十三届全国人民代表大会代表，还是当年中国妇女第十二次全国代表大会的代表。这些身份让她更加振奋，全身心投入工作。

截至2018年初，在尤良英的带领下，合作社的红枣种植面积已成功超越千亩，且销售额已突破千万元。然而，面对客商订单的持续增加，红枣库存却远远不能满足旺盛的市场需求，这既令尤良英感到欣喜，又让她充满了深深的忧虑。

在此背景下，各方纷纷向她提出建议，主张进一步扩大种植规模。然而，尤良英坚定地认为，无论在任何情况下，尤枣的品质都必须得到严格保障。她对此提出疑问：当前的枣园土壤与品种是否真正具备优良特质？种植户们所秉持的理念及所掌握的技术是否真正达到标准？

为此，她精心规划了一项策略，即先引领一部分种植户提升专业技能，形成一支高素质的团队，共同开拓更为广阔的市场。她希望通过这一示范效应，能够激励并带动更多人实现经济上的富裕。尤良英心中已勾勒出一幅清晰的蓝图。她坚信，唯有始终坚持绿色种植理念，确保每一颗"尤枣"都能让消费者吃得放心，才是她永恒不变的信念与追求。

经过将近一年的持续奋斗，截至2018年底，经过一系列严格的评估与审核，合作社种植的红枣面积已成功扩展至4800亩，同时，合作社的成员数量也从最初的16人增长至115人。自此，积极学习并应用科学技术，力求成为"尤良英红枣战队"的组成部分，已成为当地红枣种植户普遍的追求目标。

"网红社长"

在荣获诸多奖项和荣誉之后，尤良英深刻地意识到自己肩负着重要的责任。她已经不仅仅是一位在种植领域有着卓越成就的专家，更是新疆地区广大果农的代表和发言人。她致力于将果农们的想法、意见以及心声传播给更广阔的听众群体，有效地构建起果农与市场之间沟通的桥梁。在2019年3月份，尤良英在圆满完成了全国两会的参与和报告任务之后，没有丝毫耽搁，立刻返回了新疆。她随即开始在新疆的各个地区进行巡回宣讲，积极传播两会的精神和内容。她的宣讲内容不仅丰富而且贴近实际生活，语言朴实无华却充满着强大的感染力。无论她走到哪里，她的演讲总是能够赢得听众们热烈的掌声和积极的反响。

"当选全国人大代表，我感到肩上的责任更重了。一年中有很多时间奔波在各地宣讲，其余时间带领大伙儿种枣树、闯市场。对于我而言，时间总是不够用，我想尽可能多地为脱贫

⊙ 2018年3月，尤良英（前排右一）在武警某部宣讲两会精神

攻坚、民族团结做一些实事！"这些年尤良英外出学习考察的地方越来越多，眼界也越来越宽，思路日渐清晰。"依靠个人，力量太小，建合作社，带领大家闯市场，才大有可为。"

多年前那个在田地边因为凑不出钱发工资而哭泣的身影已消失，现在站在讲台前发言的尤良英已真正成长为"飞在天上的雄鹰"，带领着远在祖国边境的新疆果农和产品走向更广阔的舞台。

现在的尤良英在产品销售方面已有了明确的规划，她一方面致力于建设优质基地以产出精品；另一方面，则积极主动地寻求市场机遇。2019年，尤良英推出的枣夹核桃系列产品备受青睐，引发了广泛的购买热潮，其"尤良英"牌灰枣更是远销北京、上海、重庆等地，且在节日期间的销售额成功突破200万元。

与此同时，为了把握互联网带来的商业机遇并拓宽电子商务渠道，尤良英与杭州疆来食品商贸有限公司携手，对"尤良英"品牌红枣进行了形象升级与包装，共同打造了一个涵盖生产、供应及销售等各个环节的特色农产品服务平台。目前，该平台在浙江、新疆均设有红枣分装厂、商储中心及在线商城。此外，合作社还在北京、重庆、厦门等地开设了"尤良英"品牌红枣体验店，并在网络平台设立了电商销售渠道，从而将红

⊙ 2017年12月，尤良英（右）在收购红枣现场

枣产品推向全国各地。尤良英深知果农的辛勤付出不能被辜负，她立志让全国人民都能品尝到这些源自新疆的优质产品。

经过一年的不懈奋斗，合作社所产出的红枣在市场上越发受到青睐，数次在国内举办的展览会上迅速售罄。红枣的销售价格实现了提高，社员们还享有额外的分红，其经济收益较加入合作社之前有了显著增长。合作社的内部团结和对外影响力持续扩大，吸引了更多人参与。尤良英谨记："听总书记的话，跟党走，各族群众会更和睦幸福！"这些年，尤良英越发倾注心力与情感于其中，越发深刻地体会到脱贫攻坚及民族团结工作具有重大意义。在无私奉献的同时，她也获得了诸多收获。

目前，"尤良英"品牌红枣受到广泛赞誉，并被亲切地称为"尤枣"。尤良英期望，通过红枣的传播，人们不仅能品尝到红枣的美味，还能了解到新疆这片土地的风土人情，以及其丰富的瓜果资源。此外，她希望传递品牌背后所承载的民族团结故事，以及那些真诚勤劳的人们共同培育出的富有故事性的红枣——一颗颗充满善人之德、善心之行、善果之实的红枣。当初以个人名字命名品牌，旨在借助个人影响力带动大家共同致富，并作为对自己的激励与警醒，始终以认真负责的态度确保产品品质卓越。

⊙ 2018年，尤良英正在修改两会建议

2019年9月，尤良英再次荣获国家级荣誉——第七届全国道德模范"全国助人为乐模范"称号。

在尤良英的带领下，合作社取得了显著的发展成效。2020年初，尤良英率先垂范，创立了第一师阿拉尔市首家果品专业种植联合社——阿拉尔市万农果品种植农民专业合作社联合社。该联合社由三家或三家以上的农民专业合作社组成，是在专业带头人尤良英的倡议下成立的合作组织联合体。成员们基于利益共享的原则，自愿集结，采取"抱团取暖"的策略开拓市场，充分利用相关政策，致力于联合社的壮大发展，从而推动民众的共同富裕。此类联合社作为新型农业经营主体，开创了独特的"订单农业"模式。同年4月12日，阿拉尔市万农合作社联合社也应运而生，旨在带动更多社员实现增收致富。联合的队伍日益壮大，帮助更多人创造了更加有利的条件。尤良英在推动民族团结与脱贫攻坚的道路上，步伐越发坚定而果敢。

对于尤良英而言，最为关键的任务便是如何将这些高质量的产品成功推向市场。她经常说："我目前就是一名销售员，每日所思所想皆是如何将产品售出，并且获得良好的价格。"

2020年8月，联合社首次迎来葡萄大丰收，总产量达到了140吨。但若不能尽快完成销售，种植户们一年的辛劳将付诸

⊙ 2020年8月，尤良英在电商直播现场

东流，尤良英积极联络各方渠道与资源，从塔里木大学传来了佳音。学校不仅在校园内为联合社开辟了三个销售摊位，而且塔里木大学的学生团队还主动协助尤良英开展网络直播销售。那段时间，众人齐心协力，往返于田间、直播工作室及仓库，线上线下同步推进销售工作，同时关注订单、发货及收款情况，昼夜不停地忙碌了一周。最终，通过线上线下相结合的方式，140吨葡萄在一周之内全部售罄，这一结果令所有人惊喜不已，这在历年的销售中前所未有，大家虽疲惫却满心欢喜。

经过此事，尤良英看到了线上销售的商机，开始全身心投入个人直播间的运营。为了更有效地将联合社的农副产品推向市场并获得良好价格，尤良英在各大平台定时开展直播活动。许多其他果农对于在网络平台上露面感到不自在，更不用说担心自身文化水平不高、语言表达不流畅等问题了。然而，尤良英并不畏惧这些挑战，在她看来，这些都是可以克服的小问题，只有让社员的产品卖出好价钱才是最重要的。因此，她不断学习直播话术，深入了解平台的销售规则及卖货流程。很快，她的直播间人气攀升，尤良英对直播带货的流程与技巧也日益熟悉。在她的直播间中，我们可以清晰地听到：

"还未关注的朋友，请给主播点点关注。"

"感谢各位的支持，直播间的福利大家可以领取一下。"

⊙ 2019年3月20日，尤良英在塔里木大学宣讲全国两会精神

"欢迎大家来到尤大姐的直播间，这是来自新疆的红枣，产自天山脚下、塔里木河旁的果园，感兴趣的朋友可以下单品尝。"

如今，这些话术尤良英已能脱口而出，众多新老网友都非常喜欢这个热情真诚的尤大姐，通过她的介绍，大家对这些产地直供的新疆红枣有了更多了解。事实上，由于新疆地理位置偏远，物流时间较长，许多优秀的新疆特产并不为大家所熟知和购买。新疆三区三州（指新疆维吾尔自治区南疆的和田、阿克苏、喀什及克孜勒苏柯尔克孜自治州）的商品普遍存在滞销问题。因此，尤良英在两会上提出了解决物流问题的建议，同时她更加坚定了电商在新疆本土发展的必要性。

在尤良英坚持不懈地努力和付出下，她的直播间销量不断攀升，取得了显著的成绩。有一次，尤良英因为需要前往北京参加会议，而她的直播时间已经提前安排在了早晨。面对这样的情况，尤良英毫不犹豫地改签机票，选择坐在直播间里带货一小时。令人意想不到的是，正是这短短的一小时，尤良英一次性售出了高达38.5万元的商品，观看人数更是达到了惊人的74万人次。

然而，尤良英并没有满足于现有的成就，她没有止步于此。在自己的直播间取得成功之后，尤良英决定组建一支"宝妈电商团队"。这支团队的成员主要是她身边那些不便外出工作但希望增加收入的宝妈们，以及一些身体有残疾的人。她们聚集在一起，共同学习、成长与进步，形成了一个充满活力和凝聚力的团队。尤良英希望通过这种方式，不仅能够帮助这些需要帮助的人，还能够进一步扩大她的电商事业，实现更大的社会价值。

在这个团队中，大家如同家人般相互鼓励、相互支持，其间涌现出了许多温馨且励志的故事。尤良英的一位小姐妹，年仅28岁，在大学刚入学时便被诊断出患有红斑狼疮，治疗需要用昂贵的药物，父母为此倾尽所有，甚至背负巨额债务，生活陷入困境。然而，这个女孩从未气馁，始终乐观勇敢地面对生活，并且每天向身边的人传递正能量。这种乐观向上的精神深深打动了尤良英，她希望帮助这个女孩走出困境。于是将她纳入自己的"宝妈电商团队"，希望她能够通过新媒体平台结交更多朋友，并尝试电商业务。

令人感动的是，当大家得知女孩的故事后，每天都会有人给她留言，鼓励并称赞她的坚强与乐观。女孩也在互联网平台获得了更多的力量与支持。当她尝试直播带货时，迅速积累了大量粉丝与流量，直播效果出乎意料地好。她在带货的同时，传递正能量，也为自己带来了一些收入，解决了经济上的困难。正是她的乐观，让许多网友深受鼓舞。这样一个正能量的良性循环让参与其中的每一个人都受益匪浅，尤良英每每想到这些都倍感欣慰。

尤良英正是凭借坚守初心、不断学习、乐于助人的精神，在近几年新业态不断涌现的背景下，带领联合社勇往直前，不断转变经营思路，分别在多个网络平台开展直播销售，让联合社生产的特色农产品通过电商渠道走进千家万户。与此同时，尤良英也已成为大家熟知的"网红社长"，她的故事和努力激励着更多人投身乡村振兴和农业现代化事业。

尤良英深知，只有不断学习和适应市场变化，才能带领联合社在激烈的市场竞争中立于不败之地。因此，她不仅自己努力学习，还鼓励联合社的其他成员一起进步，共同提升团队的整体素质。她积极组织培训，分享经验，使联合社的成员们在电商运营、直播技巧等方面都有了显著提升。

在直播销售的过程中，尤良英充分发挥自己的亲和力和沟通能力，与观众频繁互动，耐心解答每一个问题，让观众感受到她的真诚和热情。她的直播风格独特，不仅介绍产品，还分享农产品背后的故事和联合社的发展历程，使观众对产品有了更深的了解和认同。

通过尤良英的努力，联合社的特色农产品逐渐在市场上拥

⊙ 2019年，尤良英出席国宴活动

有了知名度，销量也稳步提升了。她不仅为联合社带来了经济效益，还为当地农民提供了更多的就业机会，带动了周边乡村的经济发展。尤良英的事迹被广泛传播，她成了乡村振兴的典型代表，激励着更多人投身于农业现代化的浪潮中，共同推动乡村经济繁荣发展。

模式创新

实际上，联合社的发展历程并非始终顺遂。在产品遭遇销售困境时，尤良英也几度面临资金链断裂的严峻挑战。在那些艰难的时刻，她虽然四处奔波，向各大银行寻求帮助，希望能够获得贷款支持，结果总是不尽如人意。然而，得益于她过往积累的丰富经验以及适时引入电商渠道，她最终得以平稳化解危机。这些经历使尤良英深刻认识到资金对于企业发展的重要性，也更加坚定了她在金融创新道路上继续前行的决心。

2021年9月，尤良英荣幸入选农业农村部评选的"全国十佳农民"资助项目名单，并获得了中华农业科教基金会提供的10万元资助资金，以及网商银行提供的200万元免息贷款。更值得一提的是，中华农业科教基金会与网商银行将在未来五年内持续为"全国十佳农民"提供全年免息贷款支持，以助力其事业发展。这一消息无疑为尤良英及联合社的发展注入了新的活力，也为其他农民树立了榜样，激励他们通过创新和努力实现自身价值和农业产业的升级。

截至目前，已有超过十万棵枣树被公众认养。这一创新的营销模式成功将新疆品牌红枣推广至互联网中的年轻消费群体，使众多对新疆缺乏了解的网友远程关注红枣林的发展，不仅提升了红枣的知名度，还增强了与用户的紧密联系。这种模式不仅为消费者提供了参与农业生产的乐趣，也为果农带来了稳定的销售渠道和收入来源。

随着种植技术的不断进步，红枣种植面积持续扩大，红枣产量亦呈现逐年稳步增长的态势。据新疆统计局的数据显示，相较于2009年，2015年新疆红枣种植面积增长了72.9%，产量更是实现了十倍以上的增长。然而，这种增长亦带来了市场供需失衡的问题，自2015年起，红枣价格出现了持续低迷的现象。尽管种植产量保持稳定，但如何保障红枣种植收益成为亟待解决的难题。面对这一挑战，尤良英和她的联合社积极寻找解决方案，探索新的市场机会，以确保果农的辛勤劳动能够得到合理的回报。

在此背景下，金融机构偶然间了解到农户的困境，并主动向尤良英介绍了期货与保险的作用。虽然这些金融概念和规则对农户而言较为陌生且难以理解，但尤良英意识到这些金融操作可能对果农的收入产生保护作用，于是她多次深入学习并逐渐理解了"保险＋期货"模式。简而言之，该模式允许中小农户通过参与价格保险或收入保险，间接参与期货市场，从而进行价格风险管理。在红枣价格不理想的情况下，农户能够获得一定的保险赔偿，实现理想收入。这一模式的引入，为果农们提供了一种新的风险管理工具，帮助他们更好地应对市场波动。

然而，这些金融术语对广大农户而言晦涩难懂，且他们不愿承担额外费用，因此，普遍持观望态度。尤良英深知这一模式的潜力，她花费半个月时间逐户动员，并争取到了免第一年保费的福利。出于对尤良英的信任，第一年共有75户枣农参加了保险。事实证明，这些"先行者"获得了显著收益，每户每亩地平均获赔167元。在赔付现场，尤良英激动落泪，感激金融机构真正帮助果农解决了收入问题。她表示："可以说，我们合作社是'保险＋期货'项目的受益者。在红枣产业陷入低谷时，该项目让我们的枣农重新看到了希望。"

自2020年至2023年，尤良英每年都带领合作社成员参与

⊙ 2020年4月，万农联合社成立（尤良英位于前排左八）

"保险+期货"项目，参与人数逐年增加，规模逐年扩大。由于有了保障，越来越多的枣农加入尤良英的合作社，目前合作社成员已接近2000人。同时，金融机构不断优化保险服务模式，创新推出"保险+期货+订单"模式，既保障价格又保障销售，极大地解决了枣农的后顾之忧。2022年，在保障价格的同时，现货企业通过期货套保对第一师1049户枣农进行托底收购。按照每户枣农40亩地、亩产800千克的平均水平计算，每户枣农通过该项目获得理赔15680元，通过订单农业增收32000元，总计增收47680元。这一创新模式不仅为果农提供了价格保障，还为他们开辟了新的销售渠道，确保了他们的收入稳定增长。

尤良英作为联合社的带头人，通过"保险+期货"经营模式，不仅维护了社员的利益，还保护了联合社的集体利益。2021年，除了联合社1.5万亩果园外，还带动周边约3000亩果园加入该模式。自联合社成立以来，土地面积从1200亩扩大至35632亩，年销售额从30万元增长至2021年的1.36亿元，现已成为第一师阿拉尔市最大的联合社之一，并被列为国家级示范点。尤良英的领导和创新思维，使联合社不仅在规模上实现了飞跃，更在农业产业的现代化和可持续发展方面取得了显著成就。

⊙ 2021年，尤良英获得"2021全国十佳农民"称号

为了顺应时代的发展，联合社的经营理念已进行了更新升级："在联合社，我们秉持'数量变质量''产品变商品''商品变礼品'的发展原则，种植绿色有机农产品。这一理念已被证明是成功的。"目前，"尤良英"品牌系列产品已在全国7867家超市销售，取得了良好的经济效益和社会效益。同时，"期货+保险"模式的推广拓宽了红枣的销售渠道，使社员们在生产和经营过程中实现了利益最大化，不再受市场价格波动的影响。联合社的成功不仅体现在经济收益上，更在于它为当地农业产业的转型升级提供了可借鉴的范例。

尤良英带领联合社和果农们，在互联网上展现了勤劳致富的精神。他们始终脚踏实地、兢兢业业，逐步成为行业先锋。尤良英传递的善意和信任得到了国家的支持及社会企业的信任。她的这股力量带动了更多果农团结一致，共同致富。在她的带领下，联合社不仅在经济上取得了成功，更在社会影响力上获得了广泛认可，成为推动当地农业发展的重要力量。

展望未来

如今，尤良英虽即将退休，但她依旧秉持个人信念，在所任岗位上持续散发光和热，致力于力所能及之事，其人生已如向阳之花般绚烂绽放。在她看来，"劳动模范"这一称号不仅代表荣誉，更意味着责任和担当。她期望在任何时刻都能践行劳模精神，发挥劳模的力量，成为新时代中富有智慧的劳模典范。

对于个人所从事的工作，尤良英有着明确的规划与展望：

"首先，我致力于推动民族团结事业。我深刻认识到，民族团结是国家繁荣稳定的基石。因此，我始终坚守尊重与保护各民族文化传统的原则，积极推动各民族间的交流互鉴，全力营造和谐稳定的社会氛围，以期实现各民族的共同繁荣发展。

"其次，我正积极带动更多人实现致富增收。我认为，唯有让更多民众投身经济发展，方能推动社会的全面进步。故而，我主动引导并支持他们发展产业，提供技术指导和市场信

⊙ 2022年，尤良英查看红枣长势

息，助力他们提高生产效率，增加经济收入，实现个人价值。

　　"最后，我正努力将我们的农产品推向全国各地。我坚信，优质的农产品是我们地区的亮丽名片，也是经济发展的重要支柱。因此，我积极探寻各类销售渠道，并通过线上线下相结合的方式，将我们的农产品销往全国，让更多人品尝到我们地区的特色产品，同时为地区经济发展注入新的动力。"